Das Gelbe vom Ei.
Eine VerFührung in vier Kapiteln!

Ambergs Altstadt wird wegen ihrer vollendet ovalen Form gerne liebevoll das „Amberger Ei" genannt. Was ist für Sie das Gelbe vom Ei, vom Amberger Ei?

Das Büchlein macht Ihnen 36 dottergelbe Angebote 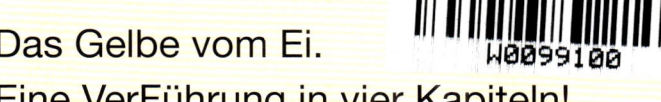:

1. **Für den modernen Ritter oder einfach zum Spazierengehen:** eine fast vollständige **mittelalterliche Stadtmauer** mit Toren und Türmen, Zwinger und Graben. Das erste Kapitel (Verführung) führt um die Stadt herum.

2. **Für Prinzessinnen und sonstige VIPs:** **zwei kurfürstliche Hofhaltungen** mit allem was dazugehört, Schreibstube, Garage, Waffen- und Lebensmittellager. Das zweite Kapitel (Verführung) zeigt Ihnen Stätten der früheren Herrschermacht. Der Weg verläuft in der Südhälfte der Stadt.

3. **Für Kunstliebhaber und Kirchenbesucher:** **ehrfurchtgebietende Kirchen** aus der Gotik, theatralische barocke, verspielte aus dem Rokoko oder Kirchen mit einer Mischung aus allem. Auch das dritte Kapitel (Verführung) macht Sie mit der Macht bekannt: kirchliche Macht, sichtbar an den Kirchen und Klöstern der Stadt. Ein Rundgang im Inneren des Eies.

4. **Für Entdecker und Bürger:** Ein vor Selbstbewusstsein strotzendes Rathaus, Walfische aus der Barockzeit, Löwen und Schweine, Kartoffeln und Könige warten, von Ihnen entdeckt zu werden. Das vierte Kapitel (Verführung) lädt Sie ein zum Gang durch die Straßen, zeigt Ihnen **Häuser und Plätze**. Zugleich lernen Sie die dritte, nicht minder wichtige Macht in einer alten Stadt kennen: die Bürgerliche.

Gehen Sie zu unseren „Eidottern". Verwenden Sie das Büchlein als Anleitung, zum Nachschlagen oder Anschauen, denn man sieht nur, was man weiß, und man weiß nur, was man gesehen hat.

Inhalt

Einführung

Das Gelbe vom Ei. Eine VerFührung in vier Kapiteln!	1
Inhalt	2
Jahresringe einer fast 1000-jährigen Stadt. Blick auf das Amberger Ei	4

Das befestigte Amberg. Stadtmauer und Tore   8

3,2 km Steine und mehr: Ambergs Stadtmauer	10
Rundgang um das befestigte Amberg	12
Stadtbrille – Nabburger Tor – Ziegeltor – Vilstor – Maxplatz – Wingershofer Tor	

Das höfische Amberg. Schlossgebäude und Stadel   28

Der kurpfälzische Residenzsitz	30
Kurfürstliches Bauen in Amberg	31
Rundgang durch das höfische Amberg	33
Die Alte Veste – Klösterl – Neues Schloss mit Stadtbrille und Zeughaus – Regierungskanzlei – Schmalzstadel – Kurfürstliches Wagenhaus	

Inhalt

Das sakrale Amberg. Kirchen und Klöster   50

Ambergs reiche Kirchenlandschaft   52
    St. Martin – Spitalkirche – Paulanerkirche –
    Frauenkirche – ehem. Jesuitenkolleg mit
    St. Georg, Kongregationssaal und Provinzial-
    bibliothek – ehem. Franziskanerkirche –
    Schulkirche – Maria-Hilf Kirche

Das bürgerliche Amberg. Plätze und Häuser   124

Leben und Wohnen der Bürger im Ei   126
Rundgang durch das bürgerliche Amberg   127
    Marktplatz mit Rathaus – Hallplatz –
    Herrenstraße – Paradeplatz – Walfischhaus –
    Lederergasse – Schrannenplatz – Viehmarkt –
    Roßmarkt – Schiffbrückgasse – Eichenforstplatz –
    Salzstadelplatz – Waisenhausgasse –
    ehem. städtisches Zeughaus und Baustadel
    (Stadtmuseum)

Anhang

Künstlerverzeichnis   142
Literaturverzeichnis (in Auswahl)   143

Jahresringe einer fast 1000-jährigen Stadt. Blick auf das Amberger Ei

Zentrum und Ausgangspunkt bilden die Martinskirche und ihre direkte Umgebung. Von hier entwickelt sich ab dem 10. Jahrhundert die erste Siedlung, bereits mit einem Kirchenbau. Erstmals erwähnt wird der Ort aber erst 1034. In der „Geburtsurkunde" Ambergs verleiht Kaiser Konrad II. verschiedene Hoheitsrechte (Markt, Zoll, Bann, Fischerei, Jagdrecht und weitere kaiserliche Rechte) „in villa, quae dicitur Ammenberg" (in dem Dorf, das Ammenberg genannt wird) an den Bamberger Bischof. Ein Blick auf den Stadtplan (s. S.Umschlag) lässt die Keimzelle erkennen, die direkt an dem Fluss Vils liegt und

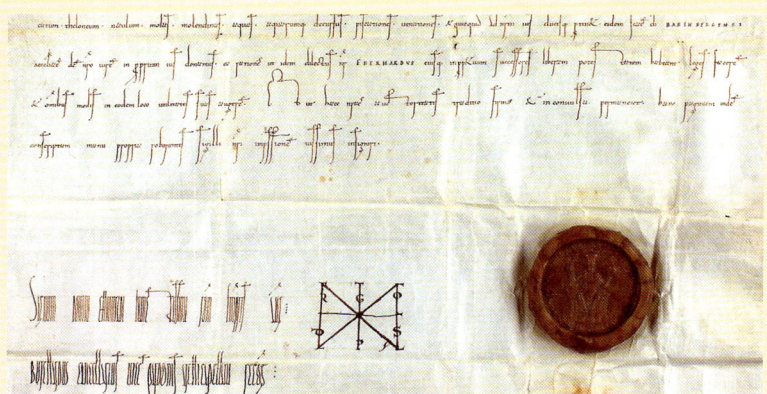

Abb. 1: Urkunde von 1034. Gut erkennbar die kaiserliche „Unterschrift": der Vollziehungsstrich, ein Querbalken im Herrschermonogramm

auch das Geflecht von engen Gassen und Straßen, das sich um den Kern der Martinskirche legt. Ordnung entsteht durch den Fluss, die Vils, der die Stadt von Nord nach Süd durchfließt, und durch die im rechten Winkel dazu liegende heutige Georgenstraße, die größer und breiter als andere Straßen gleich einem Rückgrat die Stadt durchzieht (s. Abb. 2 und 134). Damit wird die Bebauung in vier Viertel geteilt.

Befestigt wird die Ansiedlung bereits vor der Mitte des 12. Jahrhunderts, anfangs wahrscheinlich eher mit einem Erdwall und einem Palisadenzaun als mit einem festen Bering.

Jahresringe einer fast 1000-jährigen Stadt

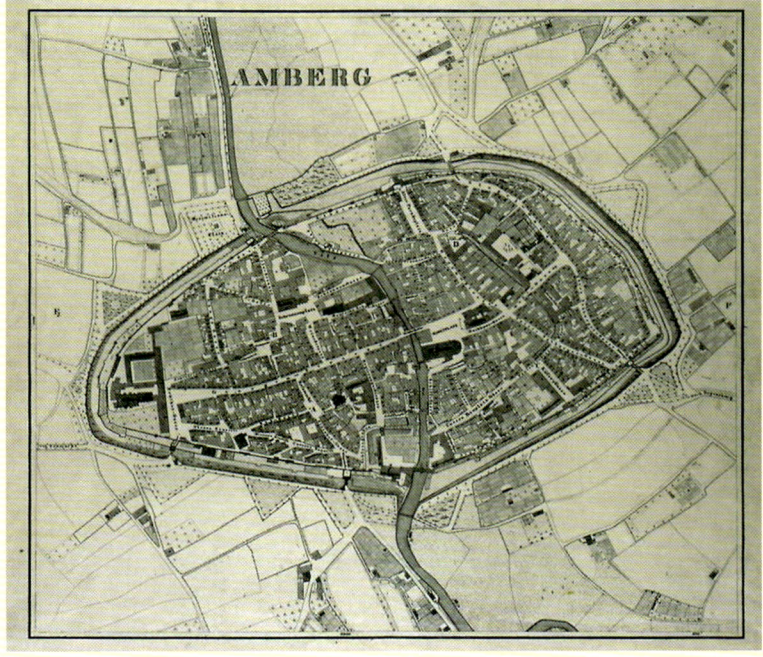

Abb. 2: Plan der Stadt von 1835

Jedoch ist sein Verlauf im heutigen Stadtbild noch gut erkennbar: Im Norden von der Mühlgasse/Ecke Löffelgasse zur Kasernstraße, den Spitalgraben entlang über die Bahnhofstraße in die Untere Nabburger Straße, danach in die heutige Zeughausstraße über die Vils in die Schiffbrückgasse, um sich dann nach Norden zu wenden, das Hafnergässchen entlang, und mit der Franziskanergasse wieder zur Vils zurückzukehren. Spuren der alten Stadtgrenze sind zum Beispiel im Geschäft des Hauses Bahnhofstr. 3 im Fußboden sichtbar gemacht.

Der Ort ist günstig gelegen am Vilsübergang der Straße zwischen Böhmen und Franken und blüht daher rasch auf. Als dann König Ludwig der Bayer 1317 den Amberger Bürgern ein Spital stiftet und sie mit vielerlei Privilegien ausstattet, ist dies der Startschuss für die große Stadterweiterung und einer der Meilensteine in der Stadtgeschichte. Jetzt, im 14. Jahrhundert, erhält Amberg seine typische Kontur: die Eiform. Die Pfarrkirche St. Georg und die in ihrem Schatten entstandene kleine Siedlung am westlichen Rand sowie das Spital und die dortige Vorstadt am östlichen werden in die neue Stadtmauer einbezogen.

Abb. 3: Das seit dem 14. Jahrhundert gebräuchliche Wappen der Stadt Amberg

Das 15. und 16. Jahrhundert füllt den neuen Stadtraum: Handelsplätze, wie der Roßmarkt und der Viehmarkt im Westen entstehen, Handwerker besetzen den Osten, im Süden macht sich das Kurfürstliche Schloss mit seinen Nebengebäuden breit, während der Norden bis ins 20. Jahrhundert eher spärlich besiedelt bleibt.

Das 17. Jahrhundert bedeutet zwar keinen weiteren Zuwachs, aber große Veränderungen im Stadtbild. Der Regierungswechsel von der Zugehörigkeit zur Rheinpfalz ab 1621 zu den bayerischen Wittelsbachern und der damit einhergehende Konfessionswechsel der Bevölkerung führt zur Niederlassung von Orden im Stadtgebiet: Für die Erziehung der männlichen Jugend kommen bereits 1623 die Jesuiten, die im Laufe des Jahrhunderts den gesamten Westteil der Stadt in Beschlag nehmen (Georgskirche, heutiger „Malteser" und Maltesergarten sowie weitere angrenzende Häuser für Lehrtätigkeit und Bedienstete), am Schrannenplatz siedeln sich die Salesianerinnen für die Mädchenbildung an und im Süden der Stadt finden die Paulaner Platz für die Soldatenseelsorge. Alle Klostergründungen gehen mit großen Abrissaktionen von Bürgerhäusern einher. Außerhalb des Eies entsteht nach einer Pestepidemie 1634 die Wallfahrtsstätte Maria Hilf auf dem Berg über der Stadt. Die spätere Barockzeit bringt im Stadtbild keine Veränderungen mehr, jedoch die Innenausstattungen der Sakralräume erreichen in dieser Epoche ihren prunkvollen Höhepunkt. Hochgestellte kurfürstliche Beamte leben das barocke Repräsentationsbedürfnis in prächtigen Fassadengestaltungen aus (z. B. Herrnstr).

Im 19. Jahrhundert allerdings gehört Amberg zu den Verlierern. Eine Bevölkerung, die überwiegend aus der Arbeiterschaft besteht (große Arbeitgeber waren: Baumann Email, Deprag und Luitpoldhütte), und der erst spät erfolgte Anschluss an die Eisenbahnlinie sind Gründe, dass Ambergs mittelalterliche Struktur fast vollständig erhalten geblieben ist. Geld für Neubauten gab es nicht.

Heute ist die gesamte Altstadt von Amberg unter Ensembleschutz gestellt, etwa 500 Einzeldenkmäler zeigen die große Dichte an erhaltener Originalsubstanz. Erst in der zweiten Hälfte des 19. Jahrhunderts knackt Amberg seine Eierschale, die bereits im 14. Jahrhundert durch die große Stadtmauer festgelegt war.

Wem gehörte Amberg?

- **1034** Erste Erwähnung Ammenbergs als bambergischer Ort in einer Schenkungsurkunde Kaiser Konrads II.
- **1242** Erste Erwähnung als Stadt in einer Urkunde Bischof Poppos von Bamberg.
- **1269** Die Stadt wird wittelsbachisch.
- **1329** Amberg kommt an die Pfälzische Linie der Wittelsbacher.
- **1621** Amberg und die Oberpfalz kommen an Bayern.
- **1810** Amberg verliert den Regierungssitz an Regensburg.

Das befestigte Amberg. Stadtmauer und Tore

Das befestigte Amberg.

Abb. 4: Der Wassertorbau über der Vils

Stadtmauer und Tore

wird in Amberg „Stadtbrille" genannt.

Das befestigte Amberg. Stadtmauer und Tore

 3,2 km Steine und mehr. Ambergs Stadtmauer

Besonders verführerisch wirkte Amberg auf die Besucher früherer Zeiten nicht! Sahen sie sich doch erst einmal einer unüberwindbar hohen Stadtmauer mit Zwingerbereich und vorgelagertem tiefem Graben (dessen Gewässer sicherlich grässlich stank) gegenüber. Einlass boten nur die fünf Tore, die in recht gleichmäßigem Abstand in die 3,2 km lange Ringmauer eingesetzt waren. Andere Zugänge in oder aus der Stadt gab es nicht. Selbst der Wassertorbau (Stadtbrille) über der Vils war mit Fallgittern verschließbar. Der seit dem 16. Jahrhundert geläufige Spruch, dass „München die schönst', Leipzig die reichste, Amberg aber die festest Fürstenstadt" sei, erhielt hierdurch seine Berechtigung.

Fachausdrücke für Stadtmauerspezialisten

Barbakane	oft selbständiges Verteidigungswerk vor einem Stadttor
Bastei	gemauertes fünfeckiges Festungswerk, das aus der Stadtmauer an strategisch wichtigen Punkten vorspringt. Bastei ist der süddeutsche Begriff für Bastion.
Futtermauer	Stützmauer einer Böschung, meistens an der Außenseite eines Wehrgrabens
Schalenturm	halbrunder Mauerturm, der Vorläufer der Bastei. Er ist zur Stadt hin offen, um im Fall seiner Besetzung nicht vom Gegner verwendet werden zu können.
Zwinger	Zwischenraum zwischen zwei parallelen Mauern einer Befestigung
Zwingermauer	äußere Mauer eines Zwingers

Mit etwas über drei Kilometern Länge gehört die Amberger Mauer zu den mittelgroßen bis großen Mauerringen des deutschen Mittelalters (zum Vergleich: Köln 7,5 km, Nürnberg 5 km, Regensburg 4,5 km, Rothenburg 3,5 km, Dinkelsbühl und Nördlingen jeweils rund 2,5 km).

Heute schlüpfen wir durch viele kleine Öffnungen des Berings ins Innere der Stadt und haben dabei doch fast die gesamte Stadtbefestigung mit vier der fünf Tore im alten Bestand erhalten. Zudem haben viele der ursprünglich 97 Mauertürme die Zeiten überdauert und an einigen Stellen sind die gedeckten Wehrgänge noch intakt. Wer die Stadt umrundet, sieht also viel originale Bausubstanz und wird mit malerischen Ansichten von riesigen Mauern, gedrungenen Türmen, holzgedeckten Wehrgängen und liebenswerten kleinen Stadtmauerhäusern belohnt.

Abb. 5: Stadtmauerpartie zwischen Vilstor und Georgskirche

Das befestigte Amberg. Stadtmauer und Tore

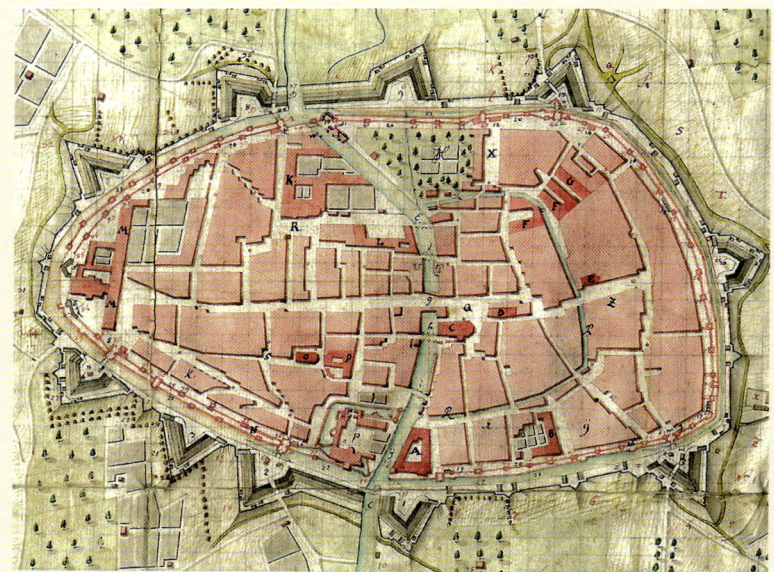

Abb. 6: Grundriss Ambergs von 1741. Wie eine Kette umzieht die turmbesetzte Mauer und die Zwingermauer die Stadt. Davor sind die Bastionen gebaut.

Rundgang um das befestigte Amberg

Unsere Route beginnt vor dem Eintritt in die Stadt an der ② Stadtbrille (Sie können aber auch an jeder beliebigen Stelle der Stadtmauer in den Rundgang einsteigen), die auf den

Abb. 7: Wasserspeier an der Stadtbrille

Stadtbrille

Aufbau einer Stadtmauer:

Die einfachste Form der Stadtmauer ist eine begehbare hohe Mauer. Zusätzlich konnte ein Graben vor die Mauer gelegt werden. Tortürme verbesserten die Verteidigung der Tore. Mauertürme ermöglichten den Einsatz von Waffen im Mauerverlauf. Guten Schutz bot ein weiterer Mauerring, die Zwingermauer, deren Abstand zur eigentlichen Stadtmauer den Zwinger ergab, in dem der Feind schutzlos war. Amberg als „festest Fürstenstadt" verfügte über alle diese Schutzmaßnamen.

Mit der Entwicklung der Feuerwaffen war ein weiterer Ausbau der Befestigungsanlagen im 16. und 17. Jahrhundert nötig. Zuerst wurden Schalentürme, halbrunde, zur Stadt hin offene Türme in die Mauer gesetzt, die mit einer Kanone bestückt werden konnten. Später erfolgte der Bau von Basteien, gemauerten Festungswerken, die aus der Stadtmauer hervorsprangen und deren Kanonenbesatz die strategisch wichtigen Punkte der Stadt sichern konnten. Während viele Städte im 19. Jahrhundert die Mauerringe einrissen, weil sie schnelles Wachstum blockierten, verwendeten in Amberg die Menschen die nutzlose Befestigung als Hausmauer. Doch sehen Sie selbst...

ersten Blick weniger als Stadtmauer denn als Brückenbau erscheint (s. Abb. 4). An den dreieckigen Vorsprüngen aber liegen Vertiefungen im Mauerwerk, in denen früher die Fallgitter liefen. Sie verschlossen die Brückenbögen bis in den Grund der Vils. Eindrucksvoll bietet sich rechts der Vils der gesamte Aufbau der Befestigung: Vor der Kulisse des Pulverturmes und des Zeughauses sind Stadtmauer, Zwingerbereich und Zwingermauer ablesbar. Der ursprünglich vorgelagerte breite Stadtgraben ist heute aufgeschüttet und lädt zum Entlangspazieren ein. Gleich nach dem Zeughaus können Sie hier eindrucksvolle Reste einer Bastei entdecken.

Das befestigte Amberg. Stadtmauer und Tore

Abb. 8: Der Stadtgraben heute

Vorbei geht es an den beliebten Stadtmauerhäusern – sparte man doch Material und Arbeit einer ganzen Hausmauer. Möglich war ein solcher Wohnungsbau aber erst am Ende des 18. Jahrhunderts, als die Stadtmauer wegen der neuen Waffen ihre Schutzfunktion verloren hatte und Amberg als Festung aufgegeben wurde. Die Wohnlage an der Mauer allerdings gehörte damals nicht zu den Besten, was die im Inneren abzweigende Rosengasse heute noch verrät. Häufig ist diese Straßenbenennung ein Indiz für eine zwielichtige Umgebung, denn „Rosen" war die blumige Umschreibung für die Freudenmädchen der Stadt. Auf dem Weg, neben dem Basteisteg, einer modernen Fußgängerbrücke in die Stadt, rückt ein herrliches Ensemble ins Blickfeld: Ein zinnengekrönter Stadtmauerturm flankiert von dem namengebenden Basteiturm, die alte Zwingermauer und die im Haus aufgegangene Stadtmauer ergeben heute ein schönes Bild der ursprünglichen Wehranlage.

> **TIPP** Rechter Hand begleitet Sie der **Amberger Geschichtsweg.**

Nabburger Tor

Nachdem wir zwei Schalentürme und weitere Stadtmauerhäuser passiert haben, nähern wir uns der ③ Nabburger Torbrücke, die noch einmal daran erinnert, dass unser Spazierweg bis 1926 ein Wasserlauf war und die Stadt östlich der Vils umfloss. Der westliche Graben dagegen war nie wasserführend. Bemerkenswerte gusseiserne Maßwerksbrüstungen bilden den Schmuck der Brücke, deren neugotischer Stil sich dem alten Stadttor angleichen möchte. Das Ensemble des Nabburger Tores wird häufig als Wahrzeichen der Stadt gesehen (s. Abb. 9 und 25). Aus dem Stadtgraben nach oben, vor den charakteristischen Torbau, führt Sie der ansteigende Weg nach der Brücke. Der Torbau ist in gotischer Zeit entstanden wie die spitzbogige Öffnung, die von zwei halbrunden Türmen flankiert wird, zeigt. Aber die Renaissancezeit verlangte offenbar nach Repräsentativerem: Das Tor wurde in der Mitte erhöht, den Türmen polygonale Aufbauten auf-

Abb. 9: Nabburger Tor mit Brücke

Das befestigte Amberg. Stadtmauer und Tore

Abb. 10: Wappen der Stadt Amberg an der Innenseite des Nabburger Tores

gesetzt. Das Wappen Ambergs, das wie das der Kurpfalz ursprünglich an der Außenseite angebracht war, finden wir seit dem Brückenbau 1869 stadtseitig. Die übrigen Tore zeigen ihre Visitenkarte heute noch an der „Feldseite", also dem Eintretenden. Nun treten wir ein und folgen im Inneren „Hinter der Mauer" dem Verlauf der Stadtmauer, vorbei am barocken Wachhäuschen des Tores. Kleinteilige Architekturen, ein dicker Turm und ein gedeckter Wehrgang beschäftigen die Augen, während an der Außenseite hohe Mauern die Geschichte vom stark befestigten Amberg erzählen.

Abb. 11: Die Amberger haben ihren Stadttürmen schon früh Namen gegeben. Überliefert ist der Name Doggnhansl für den dicken, grauen Turm im Hintergrund, benannt nach dem Gefangenen, einem Puppenmacher, der in diesem Turm schmachtete.

Nabburger Tor

Abb. 12: Der Henkerturm von der Stadtseite aus

Das befestigte Amberg. Stadtmauer und Tore

Nach Überquerung der Bahnhofsstraße, für die ein Abschnitt der Stadtmauer abgebrochen wurde, gelangt man am Ende des Platzes mit der Bürgerkugel über eine Rampe links wieder hinunter in den Stadtgraben. Warum Amberg im Mittelalter nie eingenommen wurde, wird hier begreifbar: Der doppelte Mauerring und die enorme Höhe des Mauerwerks wirken auch für den friedlichen Spaziergänger abweisend, während im Inneren die kleinen Häuschen in der Batteriegasse vom bescheidenen Leben im Schatten der großen Mauer zeugen. Der Henker soll hier gewohnt haben, weshalb der gedrungene Turm im Volksmund Henkersturm heißt.

Passend zum Namen der innen verlaufenden Gasse erwarten uns bald darauf zwei halbrunde Batterietürme, die das Ziegeltor flankieren (s. Abb. 21). Wie bereits am Nabburger Tor ist auch hier die Entstehung des Baues in zwei Anläufen nachzuvollziehen. Der gotische Torbau ist von der Erhöhung aus der Zeit der Renaissance deutlich unterschieden: Die älteren verputzten Teile gehen aber trotzdem eine wirkungsvolle Verbindung mit den oberen, rustizierten ein. Die Jahreszahl an der Außenseite im Kurpfälzer Wappen zeigt 1581 an. Wer sich den erhaltenen Wehrgang an der Stadtseite des

Abb. 13: Kurfürstliches Wappen im Rustikamauerwerk des Ziegeltores

Tores nicht entgehen lassen möchte, dem sei ein Aufstieg über die Treppe empfohlen.

Abb. 14: Stadtmauerhäuser und Wehrgang nahe der Fronfeste

Im weiteren Verlauf des Stadtgrabens, aber auch innerhalb der Stadtmauer passieren wir nun den trutzig herausragenden Bau der Fronfeste, einem Gefängnis, das bis ins 20. Jahrhundert in Benutzung war. Der Wechsel der Perspektive, der sich durch die Nutzung der kleinen Auslässe in der Stadtmauer ergibt, ist anzuraten: Die wuchtigen Mauern der Außenseite verwandeln sich stadtseitig in eine postkartenverdächtige, idyllenträchtige Häuserzeile. Beim Überschreiten der Vils fällt die kanalartige Flussführung auf. Tatsächlich wurde der Fluss 1936 umgeleitet. Der ursprüngliche Verlauf ist die heutige Mühlgasse, wodurch auch der Name des nächsten Tores verständlich wird: Das ⑤ Vilstor (s. Abb. 22) stand am nördlichen Eintritt des Flusses Vils in die Stadt und

Das befestigte Amberg. Stadtmauer und Tore

war damit auch ein Flusssperrwerk. Heute fließt hier nur noch der Autoverkehr vorbei. Dem hohen gotischen Torturm wurde 1574 ein Vorbau in der Art einer Barbakane vorgelegt. Die typische Rustikaverblendung des 16. Jahrhunderts findet wie am Ziegeltor auch hier Verwendung.

In der ⑥ Grünanlage vor dem Tor blickt seit 1827 König Maximilian I. Joseph über uns hinweg. Der königliche Pomp, der zu seinen Füßen entwickelt wurde, um ihm, dem ersten bayerischen König, anlässlich seines 25-jährigen Thronjubiläums ein Denkmal zu setzen, scheint ihn wenig zu beeindrucken. Dabei wurden extra aus dem aufgelassenen Hofgarten in Sulzbach steinerne Löwen angekauft, Wasser für einen Brunnen hergeleitet und der Platz einer früheren Bastion würdevoll terrassiert.

Abb. 15: Steinerner Löwe am Maxplatz

Auch das Vilstor lohnt es, stadtseitig betrachtet zu werden (s. Abb. 17), zudem treffen Sie auf das erste Haus rechter Hand, eine in früherer Zeit an dieser Stelle sicher gut gehende und bis heute gut erhaltene Schmiede. Der Weg direkt außer- oder innerhalb der Mauer bringt mit einer großen Zahl von Stadtmauertürmen und einem holzgedeckten Wehrgang abwechslungsreiche Architekturbilder zur Ansicht. Runde Türme werden Sie nun allerdings vergeblich suchen. Sie sind in der östlichen Hälfte zu finden, die

Maxplatz

Abb. 16: König Maximilian I. Joseph

westliche Stadtmauer mit den quadratischen Türmen ist die ältere Seite. Denn auch wenn die Stadtmauer ins 14. Jahrhundert datiert ist, so zog sich die Errichtung eines solchen Bauwerks bis ins 15. Jahrhundert hin, und Reparaturen, Aufstockungen und „Umrüstungen" wegen neuer Waffen haben zu allen Zeiten die Amberger Stadtmauer verjüngt. Das ungleichmäßige Bruchsteinmauerwerk kann viel von solchem Flickwerk erzählen. Gut erhalten zeigt sich auch die Futtermauer, die den Stadtgraben erlebbar macht.

Am Westende der Stadt angekommen, bezeichnet eine gedeckte Brücke den Platz eines früheren Stadttores, das aber bereits im 17. Jahrhundert abgebrochen wurde. Würden wir diesem Weg folgen, verstünden wir den Grund: Er verläuft mitten durch den Bereich des damals neu errichteten Jesuitenkollegs (s. Abb. 72), ein Zustand, den die Ordensmitglieder nicht hinnahmen und das Stadttor kurzerhand nach Süden verlegten. Der eindrucksvolle Bogen, in dem sich Stadt-

Das befestigte Amberg. Stadtmauer und Tore

Abb. 17: Das Vilstor

Abb. 18: Gedeckter Wehrgang am Vilstor

mauer und Zwingermauer um den jesuitischen Komplex mit Kirche und Kolleggebäude schwingt, ist von erhabener Schönheit. Mit ihm erreichen wir geradewegs die Stelle des Neutores, eben jenes im 17. Jahrhundert verlegte, neue Stadttor, das einzige, das aber trotzdem nicht erhalten geblieben ist. Es wurde dem Autoverkehr geopfert. Eine Konst-

Das befestigte Amberg. Stadtmauer und Tore

Abb. 19: St. Georg, davor Stadtmauer und Zwingermauer

ruktion aus Corten-Stahl erinnert an diesen wichtigen Zugang in die Stadt (s. Abb. 23).

An dieser Stelle musste die weitere Stadtmauer im 19. Jahrhundert einer Reihe von palaisartigen Mietshäusern weichen. Um zum Ausgangspunkt unserer Runde zu kommen, ist der Weg durch die Neustift empfehlenswert, da die Rück-

Wingershofer Tor

Abb. 20: Das Wingershofer Tor

seiten der „Stadtpalais" in dem kleinen Proviantamtsgäßchen merklich nicht die Schokoladenseite darstellen.

Fast am Ausgangspunkt unserer Runde erreichen wir das jüngste und kleinste der Stadttore, das 7 Wingershofer Tor (s. Abb. 20 und 24), das sich aber wegen seines hervorragenden Zustandes nicht zu verstecken braucht. Ein großes Stück des gut erhaltenen Wehrganges in der Stadtmauer zieht die Aufmerksamkeit schon von weitem auf sich. Wir wenden uns rechts über die Steinhofgasse zum Tor, das der Stadtmauer vorgelagert ist. Wiederum ist der gotische Bogen in der eigentlichen Stadtmauer gut vom Rundbogen des jüngeren Renaissancebaues zu unterscheiden. Das Rustikamauerwerk des 16. Jahrhunderts kennen wir bereits von den vorhergehenden Toren. In alte Zeit versetzt kann man sich im Innenhof der Barbakane fühlen, mit ihren Schießscharten, dem hölzernen Gang und den kürzlich nachgearbeiteten mächtigen Torfügeln. Dies alles meinte Georg Dehio, als er die Stadtmauer von Amberg mit den vergleichsweise dürren Worten als eines der „großartigsten Beispiele mittelalterlicher Stadtbewehrung" beschrieb.

Das befestigte Amberg. Stadtmauer und Tore

Abb. 21 und 22: Die Tore der Nordseite: Ziegeltor und Vilstor
rechts Abb. 23–25: Die Tore der Südseite: Erinnerungsmal an das ehem.
Neutor, Wingershofer Tor und Nabburger Tor

Die Tore Ambergs im Überblick

Das höfische Amberg.

Abb. 26: Kurfürstliches Zeughaus

Schlossgebäude und Stadel

Das höfische Amberg. Schlossgebäude und Stadel

Der kurpfälzische Residenzsitz

Der unglückliche Winterkönig Friedrich V. ist für das Schicksal Ambergs sicherlich eine der wichtigsten Figuren, änderte sich doch durch den Wechsel der Herrschaft von den pfälzischen zu den bayerischen Wittelsbachern fast alles.

Der Winterkönig

ist eine der großen tragischen Figuren der Geschichte. Geboren 1595 als der erste Sohn des pfälzischen Kurfürsten Friedrich IV., wurde er 1610 als Friedrich V. Kurfürst von der Pfalz. Die Brautsuche schloss er überaus erfolgreich ab: 1613 heiratete er eine der damals höchstgestellten Bräute Europas, die englische Königstochter Elisabeth Stuart. Vielleicht um sie zu beeindrucken, sicher aber um das protestantische Lager zu stärken, ließ er sich hinreißen, die äußerst risikobehaftete böhmische Königskrone anzunehmen. Bereits zu dieser Zeit, 1619, erfand die feindliche katholische Seite den Spottnamen „Winterkönig". Als dann tatsächlich das „Böhmische Abenteuer" mit der verlorenen Schlacht am Weißen Berg schon im folgenden Jahr zu Ende war, blieb Friedrich nur dieser Schimpfname. Er verlor nicht nur die Oberpfalz und seine Kurpfalz, sondern auch den Titel des Kurfürsten an seinen Vetter, den katholischen Herzog von Bayern, Maximilian I. Der Winterkönig verbrachte den Rest seines Lebens, ausgehalten von der niederländischen Verwandtschaft, am Hof in Den Haag.

Abb. 27: Friedrich V., Kopie der Statue vom Heidelberger Schloss. Heute darf er lebensgroß die Besucher ins Luftmuseum bitten.

Der kurpfälzische Residenzsitz – Kurfürstliches Bauen

> TIPP Den **Winterkönig im Hochzeitsgewand** samt seiner liebreizenden Gattin können Sie im Stadtmuseum bewundern.

Neben dem Konfessionswechsel musste Amberg also verkraften, keine Residenzstadt mit kurfürstlicher Hofhaltung mehr zu sein. Die Verwaltung der oberen Pfalz hatte ab 1628 ein Statthalter des Kurfürsten von Bayern inne, der nun nur noch eine Randlage im Kurfürstentum Bayern zukam. Das Schloss in Amberg hatte seine große Bedeutung verloren. 1768 wurden weite Teile der beeindruckenden Schlossanlage abgebrochen.

Die kurfürstlichen Bauten Ambergs waren aber nicht nur zur Zeit Friedrichs V. Spiegelbild seiner Bedeutung.

Kurfürstliches Bauen

Skizzieren wir kurz die Entwicklung kurfürstlichen Bauens in der Stadt: Einen Schlossbau als Ort der Regentschaft und Repräsentation hat es bereits 1338, als Amberg Verwaltungsmittelpunkt der Oberpfalz wurde, gegeben. Auslöser dafür war der sogenannte Hausvertrag von Pavia.

Die Alte Veste, das erste wittelsbachische Schloss, steht am Eichenforstplatz. Dieses „Feste Haus" bestand bereits 1269,

> ### Der Hausvertrag von Pavia
> teilte 1329 die wittelsbachischen Territorien in eine Bayerische (Oberbayern und kleinere Bezirke nördlich von Regensburg) und eine Pfälzische (Rheinland und Nordgau) Linie. Da die Pfälzische Linie aus der Kurpfalz und dem geographisch weit nördlich gelegenen Nordgau bestand, setzte sich im 15. Jahrhundert der Begriff „Obere Pfalz" durch.

Das höfische Amberg. Schlossgebäude und Stadel

Abb. 28: Blick über die kurfürstlichen Gebäude: Im Vordergrund rechts die Alte Veste, am Fluss vorne das Klösterl, am rechten Bildrand der langgestreckte Komplex der Regierungskanzlei. Im Hintergrund links das Zeughaus, über der Vils die Stadtbrille und rechts das Schloss mit Fuchssteiner.

als Amberg an die Wittelsbacher kam, wie die Bauforschung ermittelte, und ist damit eines der ältesten Häuser der Stadt. Zu diesem Bau gehört auch der Frauenbau, das benachbarte Gebäude, dessen verbliebener Teil heute Klösterl genannt wird. Man kann also bereits im 14. Jahrhundert von einem bedeutenden Herrschafts- und Verwaltungsmittelpunkt sprechen. Diese Gebäude standen bis 1417 innerhalb der Stadt, jedoch direkt an der ersten, kleineren Stadtmauer. Nach dem Bau des großen Stadtberings suchte der Kurfürst wiederum nach einem Bauplatz direkt an der Mauer. Das Verhältnis zu den Bürgern ließ es nicht immer angeraten sein (Amberger Aufruhr 1453/54 und Amberger Lärmen 1592), in ihrer Mitte zu wohnen, vielmehr sollte eine schnelle Flucht aus der Stadt möglich sein. Der neue Platz rückte den Schlossbau nach Süden, wieder an die Vils, denn der Zugang zum Wasser war unverzichtbar.

Ein hochaufragender Bau in unübersehbarem Rosa mit bewegtem Volutengiebel ist, neben einem Turm, der einzige

Rest des kurfürstlichen Neuen Schlosses; er wird durch den Wassertorbau mit dem am gegenüberliegenden Ufer der Vils liegendem Zeughaus verbunden. Die Anlage Zeughaus – Stadtbrille – Schlossbau ist heute noch ein beeindruckendes Architekturensemble, das auch in seinem geschmälerten Umfang die Herrschaftsmacht, die hier zu Hause war, vor Augen führen kann. Bestandteil der kurfürstlichen Bauten waren dazu noch die Regierungskanzlei – die Amtsstube – in der Regierungsstraße, das kurfürstliche Wagenhaus, also der Fuhrpark der Regierenden am Paulanerplatz, und nicht zuletzt der kurfürstliche Schmalzstadl in der Neustift.

Rundgang durch das höfische Amberg

Der Rundgang zu den kurfürstlichen Bauten beginnt mitten in der Stadt am Eichenforstplatz (s. S. 138).

8 Die Alte Veste (heute Sitz der Stadtbau GmbH)

Abb. 29: Die Alte Veste

Das höfische Amberg. Schlossgebäude und Stadel

Das hochaufragende weiße Haus soll das älteste Schloss, die Alte Veste sein? Zweifel kommen auf bei der Betrachtung der Fenstergestaltung der Obergeschosse und des prächtigen, pilastergeschmückten und wappengezierten Portals. Die Erscheinung des Gebäudes an der Vorderfront ist eindeutig dem 18. Jahrhundert zuzurechnen. Erst bei genauem Hinsehen sind Details erkennbar, die den Schlossbau des 13. Jahrhunderts verraten:

- Die starken Fensterlaibungen und die deutlich kleineren Öffnungen im Erdgeschoss links des Portals können den ehemals wehrhaften Charakter der Alten Veste evozieren.
- Die größten Fensteröffnungen, die an einem Gebäude das Wohngeschoss anzeigen, liegen im zweiten und nicht, wie es für das 18. Jahrhundert typisch wäre, im ersten Obergeschoss.
- Gehen Sie an die rechte Seite des Gebäudes in die Marstallgasse und blicken Sie nach oben: Sie werden im wahrsten Sinne des Wortes mit einer anderen Seite des Hauses vertraut gemacht. Zwei Zwillingsfenster, eines davon mit zierlichem Laubwerkkapitell, lassen keinen Zwei-

Abb. 30: Zwillingsfenster mit Laubwerkkapitell

Abb. 31: Die Wappen über dem Portal der Alten Veste. Rechts das Wittelsbacher Wappen mit Illegitimitätssparren

fel mehr an der mittelalterlichen Bauzeit des Hauses. Der prächtige Erhaltungszustand ist der Tatsache zu verdanken, dass dieses wertvolle Detail bis zur großen Restaurierung 1982 vermauert war. Die Wandgestaltung täuscht eine saubere Quadermauer vor. Die Fugen sind jedoch nur in den Putz gemalt, der die darunterliegende Bruchsteinmauer verbirgt – ein im ausgehenden Mittelalter häufig verwendeter Kunstgriff.

- In dem nebenstehenden vorspringenden Bauteil ist die Schachtlatrine des Schlosses zu erkennen, von der es in alten Quellen heißt, dass es bis zu sechs Jahre dauerte, bis sie bis oben hin „voll gemacht" war. Dann wurde unten an der Ecke die Wand aufgebrochen und ausgeräumt.

Kehren wir zurück zur Vorderseite und betrachten die Wappen über dem prächtigen Portal. Sie bezeichnen die Bewohner des ausgehenden 18. Jahrhunderts, für die die Alte Veste als Wohnhaus hergerichtet worden war und die hier in Amberg eines der ersten Theater betrieben: das „Adelige Gesellschaftstheater". Neben dem Wappen des Freiherren von

Egckher prangt das Wittelsbachische Wappen, das die Gräfin von Holnstein führen durfte – allerdings mit Bastardbalken (vornehmer: Illegitimitässparren), der ihre Herkunft aus dem Seitensprung ihres Großvaters, Kurfürst Karl Albrecht, ablesbar macht.

9 Klösterl (heute Luftmuseum)

Das nebenstehende Gebäude mit den eindrucksvollen Treppengiebeln gehörte zur Alten Veste. Es war Teil des Frauenbaues, der ursprünglich noch einen Trakt an der Vils hatte, ein festes Haus zu Wohnzwecken für Frauen und Kinder. Man sagt, es sei in diesem Haus etwas besser geheizt worden. Ständige Schwangerschaften und Entbindungen der Bewohnerinnen machen solche Aussagen nachvollziehbar. Eine ganze Reihe von Kurprinzen und Prinzessinnen erblickte hier die Welt. Pfalzgraf Ruprecht III., der spätere König Ruprecht, ist sicher der berühmteste. Klösterl wird das Gebäude seit der Mitte des 19. Jahrhunderts genannt, als die Armen Schulschwestern nach den Wirren der Säkularisation in die Stadt kamen und hier zehn Jahre beheimatet waren.

Abb. 32: Klösterl mit Altarerker

Klösterl (heute Luftmuseum)

Abb. 33: Altarerker im Klösterl

TIPP Besichtigen Sie das **Luftmuseum**! Im ersten Obergeschoss können Sie die **Hauskapelle** mit figürlichen und Laubwerkkapitellen, feinen Rippengewölben und Rosettenschlusssteinen betrachten. Die Glasfenster aus der Erbauungszeit zeigen verschiedene Heilige unter Baldachinen, die mit der originellen Deckenlösung des Chörleins, einem freihängendem Rippenwerk, eine lebendige Zwiesprache eingehen. Auch das übrige Museum lohnt einen Besuch…

Das höfische Amberg. Schlossgebäude und Stadel

Ihre Beschwerden über das feuchte alte Haus am Wasser hatten Erfolg und sie zogen 1849 in das leerstehende ehemalige Salesianerinnenkloster, wo sie bis vor kurzem Gymnasium und Realschule für Mädchen betrieben. Auf der Vilsseite ziert ein Altarerker das Haus, der zierliche Abschluss einer bemerkenswerten Hauskapelle.

Folgen Sie nun der Gasse „Hinter der Veste" und biegen am Ende linker Hand zur Brücke ab.

11 Neues Schloss mit Stadtbrille und 10 Zeughaus (heute Landratsamt)

Reizvoll ist es, von der gedeckten Holzbrücke aus das große Ensemble des Neuen Schlosses (rechts) mit Stadtbrille und Zeughaus (links) in Augenschein nehmen, wobei die Brücke selbst Beachtung verdient. Nur selten noch sind solche früher häufigen Holzbrücken erhalten; seit über 250 Jahren tut die Schiffbrücke ihren Dienst! Ungewöhnlich für Süddeutschland ist, dass das Neue Schloss nicht aus der Barockzeit stammt, sondern bereits in der Spätgotik und Renaissance gebaut wurde.

Abb. 34: Die kurfürstliche Hofhaltung

Da heute nur mehr ein Teil der Schlossgebäude erhalten ist, lohnt sich ein Blick auf den „Kannlpaldung-Plan": Er zeigt die ursprüngliche Anordnung des 16. Jahrhunderts, und wird nach seinem Zeichner Kannlpaldung genannt. Viele der abgebildeten Architekturen bestehen noch heute, manches ist verändert, einiges verloren. Wie in dem Suchspiel „Original und Fälschung" können Sie nun die Gebäudegruppen auf dem Plan und in der Wirklichkeit vergleichen. Orientierung gibt die in der Mitte fließende Vils (Filß).

Abb. 35: Kannlpaldung-Plan von 1589

- Der links abzweigende Stadtgraben, der dem Verlauf der ersten Stadtmauer folgte, ist erst seit 1926 nicht mehr wasserführend, sondern eine Straße, die Zeughausstraße.
- Die zweite Wasserfläche, den Schlossgebäuden rechts vorgelagert, war der Schlossgraben, der wohl im 18. Jahrhundert verschwand.
- Die eingeschossige Uferbebauung und der runde Turm sind heute in das hübsche Anwesen auf der rechten Seite der Vils eingebaut.
- Gut erkennbar auf der linken Seite ist das Zeughaus mit seinem Treppengiebel. Nur der Südflügel bestand zu Kannlpaldungs Zeiten noch nicht. Das Zeughaus hatte

Das höfische Amberg. Schlossgebäude und Stadel

also noch keine Verbindung mit der Brücke und damit zum Schloss.
- Der zinnenbekrönte Turm am linken Ufer bestand schon.
- Der Wassertorbau (Stadtbrille) besaß ein weiteres Geschoss im rechten Teil und war mit Türmchen geschmückt.
- Es gab nicht nur ein Schlossgebäude auf der rechten Seite. Insgesamt waren es vier Häuser, die einen geschlossenen Innenhof bildeten.
- Sowohl das große, der Stadt zugewandte Gebäude (die vordere Kemenate) als auch die „andere Kemenate", das schmale dreigeschossige Gebäude parallel zum Fluss, sowie der „Neybau" mit dem Fachwerkgiebel fehlen heute.
- Erhalten blieb nur das große Gebäude von dem auf dem Plan nur das Dach sichtbar ist. Es wurde später um ein Geschoss erhöht und mit anderen Giebeln versehen.
- Der Turm am rechten Bildrand besteht heute noch, die Vorbauten allerdings sind verloren.

Spannend ist es zu sehen, wie um 1600 dieser im Plan gezeigte Schlossbau nicht mehr genügt und mit einfachen Mitteln versucht wird, dem altertümlichen Durcheinander von Fachwerkbauten, Brückenbau und Zeughaus eine Ordnung im Sinne der Hochrenaissance, wie sie auch am kurpfälzischen Hof in Heidelberg gepflegt wurde, zu geben.

Dazu überqueren Sie die Brücke und betreten den Komplex des Zeughauses durch das schraubenartig profilierte Spitzbogenportal. Im Hof des Zeughauses, im Rosengarten, lassen sich die Umgestaltungen der Renaissance am gesamten Ensemble gut betrachten (s. Abb. 26): Das Zeughaus wird mit der Stadtbrille und der großen Kemenate durch den Bau des Südflügels verbunden. Die in spätgotischer Zeit unter Kurfürst Philipp entstandenen Teile mit gotischem Treppengiebel, spitzbogiger Durchfahrt und mächtigen Strebepfeilern, die die Gewölbe der Halle im Ostflügel stützen, sind gut vom Renaissanceflügel im Süden zu unterscheiden. Seine gefälligen Volutengiebel weisen stilistisch bereits zur gegenüberliegenden Seite, zum verbliebenen Schlossbau. Dem

Hang zur Symmetrie und Zentrierung, charakteristisch für die Renaissance, ist wohl der auf den gotischen Trakt gesetzte Mittelgiebel im Ostflügel geschuldet.

Abb. 36: Volutengiebel am Ostflügel des Zeughauses

Volute

(lat. volutum = das Gerollte) bezeichnet eine Schnecken- oder Spiralform in der Kunst. Als reines Ornament, aber auch in der Baukunst tritt die Volute vielfach auf. Seit der Antike gehört sie zum Schmuck des ionischen Kapitells (s. Abb. 39 und 80). In der Fassadengestaltung ist sie seit dem 15. Jahrhundert unentbehrlich: Die gebogene Form mit den eingerollten Enden passt sich in die Winkel der Giebel ein. In Amberg arbeiteten vor allem Johann Schoch und Wolfgang Dientzenhofer mit diesem Motiv (s. Abb. 76 und 77).

Für die Umgestaltungen zu einem modernen, dem gestiegenen Repräsentationsbedürfnis der Renaissance angemessenen Schlossbau war 1600 Johann Schoch, der Heidelberger Hofbaumeister, gerufen worden. Er konnte wegen Arbeitsüberlastung jedoch erst 1602 den Amberger Auftrag bearbei-

Das höfische Amberg. Schlossgebäude und Stadel

Abb. 37: Treppenturm im Hof des Zeughauses

ten. Seine Handschrift ist in den Volutengiebeln des Zeughauses und des Schlosses zu erkennen. Ein Bauteil, das uns heute noch Rätsel aufgibt, hat er uns in dem Treppenturm in der Südostecke des Zeughauses hinterlassen. Die ungewöhnliche Musterung der Rustika und unterbrochenen Gurtgesimse ist wohl sehr selten in Deutschland!

Die Schlossseite kann, im Gegensatz zur Zeughausseite, den Zustand der Blütezeit der pfälzischen Herrschaft nicht mehr erstehen lassen. Zu groß sind die Verluste in der Bausubstanz. Die große Kemenate als einer von ehemals vier Schlossbauten darf den Glanz der großen Zeit Ambergs repräsentieren (s. Abb. 4, 8 und 34). Der Turm an

TIPP Zu den Öffnungszeiten des Landratsamtes ist es möglich, diesen Turm bis ins erste Obergeschoss hochzusteigen, die **Stadtbrille zu begehen** und auf der gegenüberliegenden Seite das Schloss durch den polygonalen Treppenturm wieder zu verlassen. Die hochgotische „Enfilade", eine Abfolge von Durchgangstüren, in der Stadtbrille wird Sie begeistern! Bitte dazu den Haupteingang des Landratsamtes im Zeughaus benutzen.

Neues Schloss mit Stadtbrille und Zeughaus

Abb. 38: Enfilade in der Stadtbrille

der Nordwestecke zeigt die ungemütliche Seite des Neuen Schlosses. Er war seit 1454 Gefängnis für Verbrecher und Straftäter. Fuchssteiner wird er genannt, nach dem ersten prominenten Insassen, Johann Fuchssteiner, dem Kanzler Friedrichs II. Der Bau dazwischen wurde am Beginn des 20. Jahrhunderts in historisierender Art errichtet, wohl in der Absicht, dem Schlossensemble wenigstens einen verlorenen Flügel zu ersetzen.

Von der Schlossseite aus erreichen Sie über den Parkplatz nach wenigen Schritten die Regierungsstraße.

Das höfische Amberg. Schlossgebäude und Stadel

12 Die Regierungskanzlei (heute Landgericht)

Nur wenige Häuser haben neben diesem langgestreckten Gebäude noch Platz; fast die gesamte Straßenseite wird von ihm eingenommen. Die jüngst abgeschlossene Restaurierung hat die Erweiterung des Baues über einer Gasse sicht-

Abb. 39: Die Regierungskanzlei

Die Regierungskanzlei

Abb. 40: Das wittelsbachische Wappen am Erker der Regierungskanzlei

bar gemacht, der Fassadenknick verrät es am ganzen Bau. Aus sorgsam behauenen Sandsteinquadern ist die dreigeschossige Fassade aufgebaut, deren Ämtercharakter in der gleichmäßigen Reihung von 15 Fensterachsen zum Ausdruck kommt. Versteckte Details weisen auf den hochgestellten Hausherren:

- Fein profilierte Laibungen rahmen jedes Fenster.
- Das wuchtig geratene Dachgesims zeigt ein ungewöhnliches Friesornament, denn in der Art von Eierstäben werden Herzen aneinandergereiht.

Weniger versteckt präsentiert sich der Hausherr selbst am zweigeschossigen Erker, der näheres Hinsehen verdient. In einem „Horror vacui" ist jede Mauerfläche dekoriert. Säulen und Kapitelle, Zierstäbe wie der Eier-Herzstab, Zahnschnitt und Laufender Hund, verkröpfte Gesimse, kannelierte und ornamentierte Pilaster, Herrschermedaillons und Wappen verschwimmen vor unseren Augen. Es ist gerade so, als blätterten wir in einem Musterbuch der Renaissance. Im zweiten Geschoss über den Erkerfenstern entdecken wir sogar noch Gotisches: Die maßwerkgeschmückten Kielbogen haben sich in das Renaissancerepertoire geschlichen, zur Bauzeit 1544 keine Seltenheit. Hat es doch lange

Das höfische Amberg. Schlossgebäude und Stadel

gedauert, bis in Deutschland die italienische Renaissance Fuß fassen konnte, verstanden wurde sie nie. Das System des Tragens und Lastens drang nicht in das Bewusstsein der deutschen Baumeister, wie an den eher zierlichen Säulen des Erkers zu sehen ist. Die winzigen Alibi-Voluten der ionischen Kapitelle sind nicht gerade antikisch proportioniert, die anschließende Leistensammlung spricht eher für einen fantasiebegabten Bildhauer. Wundervoll plastisch präsentiert sich die Partie um die Wappen unterhalb der Fenster des ersten Obergeschosses. Mit der Anwendung der damals brandaktuellen Zentralperspektive wurde Räumlichkeit in den flachen Reliefs erzeugt. Das Können des Steinmetzen steigerte sich noch in den Medaillons mit den Herrscherbildnissen Friedrichs II. und seiner Gemahlin Dorothea von Dänemark. Zu den Seiten sehen Sie die Väter der beiden.

Auch die beiden umgebenden Gebäude aus der Barockzeit haben mit der Regierung zu tun:
- Rechts gehörte die reich geschmückte Rokokofassade als Erweiterungsbau in zweifacher Hinsicht zum kurfürstlichen Bereich: Sie war Regierungskanzlei und wurde aus den Steinen des 1768 abgebrochenen Schlossflügels errichtet.
- Links verrät die klar gegliederte Front des früheren Rentamtes in den Fensterverdachungen und der Portalgestaltung die Hand des kurfürstlichen Baumeisters Wolfgang Dientzenhofer (s. S.76).

Von der Regierungskanzlei gelangen Sie über die schmale Kanzleigasse zum Frauenplatz (s. S. 71), an dem die Zeit stehengeblieben zu sein scheint. Ein Blick auf die Rückseite der Regierungskanzlei zeigt einen zweiten Erker an der Hofseite des Gebäudes, der aber mit erkennbar weniger Elan geschmückt ist. Die Darstellung der sieben Todsünden an der inneren Fassade der Schreibstube des Schlosses war sicher nicht deplatziert und kann auch die heutigen Nutzer, die Beamten des Landgerichts inspirieren.

Kurfürstlicher Schmalzstadl

Abb. 41: Schraubenportal an der Rückseite der Regierungskanzlei

Nach Überquerung des Roßmarktes (s. S. 136) erreichen Sie über die gegenüberliegende Badgasse den

13 Kurfürstlichen Schmalzstadl

Der Schmalzstadl kann heute nur noch durch die Vorstellung, dass hier das kurfürstliche Schmalz gelagert war, faszinieren. Der leider vernachlässigte Bau vermittelt dennoch einen authentischen Eindruck der mächtigen Lagerhallen der frühen Neuzeit. Die Höhe des Stadels entspricht der Tie-

Das höfische Amberg. Schlossgebäude und Stadel

fe des Kellers, der gute und trockene Kühlung sicherte. Am Ufer der Vils, in Schlossnähe, war dies nicht gegeben, weshalb man auf diese höchste Stelle in der Altstadt auswich.

Abb. 42: Ehem. kurfürstlicher Schmalzkeller

Der Weg zum kurfürstlichen Wagenhaus führt am südlichen Stadtrand über das Schloss zum Paulanerplatz.

14 Kurfürstliches Wagenhaus

Wesentlich mehr Mühe gab man sich bei der Gestaltung des zweiten Stadels, des kurfürstlichen Wagenhauses. Denken wir an die Wertschätzung, die unsere Zeit den Fortbewegungsmitteln Auto, Flugzeug, Rad angedeihen lässt, so ist der Aufwand, mit dem die „kurfürstliche Garage" verziert wurde, verständlich: Die Fassade weist kräftige Gesimse auf, der Giebel war nahezu verschwenderisch mit Obelisken und Kugeln geschmückt. Die Datierung 1615 ist auf dem Zwerchgiebel der Längsseite zu finden. Obgleich nur Lagerhalle, steht das Bemühen um Repräsentation, wie es am Hofe Ambergs zur Zeit der Renaissance üblich war, im Vordergrund.

Abb. 43: Ehem. kurfürstliches Wagenhaus

Haben Sie Gefallen gefunden an den großen Lagerhäusern? Amberg besitzt eine ganze Menge dieser schlichten in ihrer Größe und Massigkeit beeindruckenden Stadel: Der älteste steht in der Deutschen Schulgasse 9, den zu Wohnhäusern umgebauten Salzstadel finden Sie in der Salzstadelgasse 1 und 3 (s. S. 138) und den gut erhaltenen Städtischen Baustadel in der Zeughausstrasse (s. S. 140).

Das sakrale Amberg.

Abb. 44: Martinskirche

Kirchen und Klöster

Das sakrale Amberg. Kirchen und Klöster

Ambergs reiche Kirchenlandschaft

„Hammergruppe" würde man in der Fußballsprache zu einer solchen Ansammlung von Hochkarätern sagen. Da ist einmal die in Größe und Bauform wirklich beeindruckende Martinskirche; aber auch der gesamte von den Jesuiten gestaltete Komplex um die Georgskirche verlangt Aufmerksamkeit, ganz zu schweigen von der raffinierten Rokokodekoration der Schulkirche. Oben auf dem Berg haben sich namhafte Baumeister und Freskomaler zusammengetan, um der Maria-Hilf Kirche zu großer Bedeutung zu verhelfen. Ein wenig Erholung für den kunsthistorisch geforderten Besucher versprechen die schlichte Spitalkirche, die heute evangelisch-lutherische Paulanerkirche und die in einem Dornröschenschlaf liegende Frauenkirche.

Abb. 45: Blick vom Turm der Martinskirche zum ehem. Jesuitenkolleg

> **Wes Brot ich ess, des Lied ich sing:**
> 1538 Einführung der Reformation
> 1567 Einführung des Calvinismus
> 1576 Wiedereinführung der Reformation
> 1592 Die Stadt widersetzt sich der Wiedereinführung des Calvinismus; „Amberger Lärmen"
> 1621 Die Jesuiten beginnen mit der Rekatholisierung.

St. Martin

Die Kirchenlandschaft Ambergs ist in zwei Schüben entstanden: Im 14. und 15. Jahrhundert will eine stolze und reiche Bürgerschaft nicht nur mit ihren Häusern Präsenz demonstrieren, auch in den Kirchenbauten zeigen sich Macht und Selbstverständnis der damaligen Einwohner und letztlich die Sorge um das eigene Seelenheil. Im 18. Jahrhundert ist es dann die Kirche selbst, die eine beeindruckende Reihe an Klöstern und Kirchen hier in Amberg entstehen lässt.

15 St. Martin

Abb. 46: Der gewaltige Baukörper der Martinskirche

St. Martin bietet Superlative:
- Größte Kirche der Oberpfalz nach dem Regensburger Dom
- Reifste Hallenkirche in Süddeutschland
- Früheste Wandpfeiler-Emporenanlage in Süddeutschland
- Größtes erhaltenes Kirchendach der Oberpfalz …

Das sakrale Amberg. Kirchen und Klöster

Abb. 47: Innenraum der Martinskirche

Superlative verhindern oft den genießenden Blick aufs Detail, wozu ich Sie nun verführen will. Die Größe des Raumes ist tatsächlich gewaltig: 72 m lang, 21 m breit, im Inneren 20 m hoch, 40 m Höhe bis zum Dachfirst. Eine Kirche, die sich die Amberger Bevölkerung im ausgehenden Mittelalter (zur

Bauzeit etwa 5000 Einwohner) alleine finanziert hat! Aber nicht nur die Größe ist faszinierend, sondern vor allem die Art des Bauens. Die Idee des Einheitsraumes ist hier so raffiniert verwirklicht, wie in keiner anderen Kirche Süddeutschlands. Alle Bauteile scheinen miteinander verschmolzen: Langhaus und Chor sind nahtlos miteinander verbunden, Mittelschiff und Seitenschiffe scheinen durch die schlanken Rundpfeiler nur markiert, nicht getrennt. Die Seitenschiffe gehen im Chorbereich in einen Chorumgang über; sie umziehen das gesamte Chorhaupt. Eine weitere Verklammerung erreichen die Kapellen, die in einem umlaufenden Kranz die gesamte Kirche umgeben. Und schließlich wird, über den Fenstern, der Raum durch eine umlaufende Empore zusammengefasst.

Sehen Sie nach oben, auch dort erkennen Sie den Willen zur Vereinheitlichung: Die Gewölbe von Mittelschiff, Seitenschiffen, von Chor und Umgang erreichen die gleiche Höhe, sie werden nur durch unterschiedliches Rippenwerk (Netzgewölbe und Sterngewölbe) unterschieden. Damit stellt die Martinskirche die Hallenkirche in ihrer reinsten Form vor.

Abb. 48: Blick ins Gewölbe

Das sakrale Amberg. Kirchen und Klöster

> **Hallenkirche**
> In einer Hallenkirche erreichen alle Schiffe die gleiche Höhe. Die Belichtung erfolgt ausschließlich durch die Fenster in den Seitenschiffen und im Chor.

Neuartig ist die Konstruktion der Kapellen: Sie sind nicht an die Außenmauer gebaut, sondern entstehen durch die Einziehung der Strebepfeiler. Strebepfeiler sind nötig, um die Last der steinernen Gewölbe zu tragen, da die Außenwände wegen der großen Fenster wenig Mauerwerk aufweisen. Bis ins 15. Jahrhundert war es üblich, die Strebepfeiler nach außen zu mauern (vgl. Frauenkirche, Franziskanerkirche). In St. Martin werden sie nach innen genommen und bilden die Seitenwände der Kapellen. Die Einwölbung über den unteren Fenstern vollendet die kleinen Räume, der darüber liegende Emporengang vervollkommnet die erste Wandpfeiler-Emporenanlage in Süddeutschland.

Abb. 49: Durchgänge auf der Empore

Warum entschieden sich die Amberger für eine solch moderne Bauweise und gegen eine traditionelle Basilika? Reichtum und Stolz bestimmten sicherlich die Größe des Baues, die Form aber ist der Selbstbestimmung der Bürger und der religiösen Stimmung der Zeit geschuldet. So entstehen in vielen Städten mit einflussreicher Bürgerschaft Hallenkirchen: Landshut, Dinkelsbühl und Schwäbisch Gmünd, in Nürnberg erhalten die großen Kirchen Hallenchöre. Die Ausbreitung der Hallenkirche in den sächsischen Bergwerkszentren und ihre Abhängigkeit von Amberg muss noch untersucht werden. Die Kapellen wiederum konnten von einzelnen Familien erworben werden und ermöglichten ihnen die Stiftung von Altären und Messen sowie Grablegung innerhalb der Kirche unter dem Altar. Am Beginn des 16. Jahrhunderts war dies ein von vielen Predigern verbreitetes Angebot, etwas für das Leben nach dem Tod zu tun. Die Bauform hatte also durchaus Sinn, und noch heute zeugen die Wappen über den Bögen der Kapellen und an der Emporenbrüstung von den Familien, die sich hier um ihr Seelenheil bemüht haben.

Die Leistung dieser und vieler anderer Amberger ringt uns heute Respekt ab, begannen sie doch einen Kirchenbau, dessen Ende sie wie an vielen Orten nicht erlebten, denn 100 Jahre dauerte die Bauzeit (1421–1521, s. hintere Klappe).

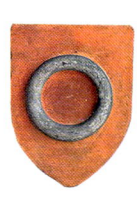

Hirschgeweih: Familie Kastner
Steinernes Haus: Familie Steinhauser
Drei Berghämmer: Familie Klopfer
Baum: Familie Baumgartner
Goldener Ring auf rotem Feld: Familie Kohler (Abb. 50-54)

Das sakrale Amberg. Kirchen und Klöster

Calvinismus und Kunst

Calvinismus ist eine theologische Bewegung, die auf der Lehre des französischen Reformators Jean Calvin (1509-1564) beruht. Das Denken Calvins ist heute in die reformierten Kirchen, die Anglikaner, Baptisten und Presbyterianer, eingegangen. Vor allem die Hervorhebung der unbedingten Heiligkeit Gottes führte zur Ablehnung aller Bildwerke als bloße Menschenwerke im Gottesdienstraum. Altäre, Fresken und Figuren, Reliquien, ja sogar Orgeln wurden durch die Calvinisten aus den Kirchen verbannt. Im 16. Jahrhundert bedeutete dies: Verbrennung der bestehenden Altäre, Einschmelzen der Metallgegenstände.

Abb. 55 und 56: Maria und lächelnder Engel, Verkündigung, Ende 13.Jh.

Zweimal (unter den Calvinisten und im 19. Jahrhundert) wurde die Martinskirche beinahe ihrer gesamten Ausstattung beraubt. So sind heute Kunstschätze aus sieben Jahrhunderten zu sehen (Ziffern siehe hintere Umschlagseite): Aus der ersten Pfarrkirche stammen die Figuren der Verkündigung ②, deren Originale links und rechts des Gitters stehen. In der Tradition der höfischen Skulptur des späten 13. Jahrhunderts steht die sanft blickende Maria, vor allem aber der verschmitzt lächelnde Engel, dessen „Brüder" in Reims, Bamberg und Regensburg zu finden sind (Kopien am Außenbau, Marktplatzseite).

Die Zeiten überdauert hat auch die Tumba des 1397 verstorbenen Pfalzgrafen Rupert Pipan ③. Die hohe Stellung des nur 22 Jahre alt gewordenen Fürstensohns ist an der qualitätvollen Arbeit des Hochgrabes abzulesen: Die Tumba zeigt an der östlichen Langseite die Grablegung Christi, zu den Seiten Kreuzigung und Auferstehung. Oben schließt die lebensvoll gestaltete Figur Rupert Pipans im Harnisch, mit Fürstenmantel und Fürstenhut, das Werk ab. Fürsorglich hält ein Engel das Kissen, während der am Bein hochsprin-

Stilreinigung im 19. Jahrhundert

Es gehört zu den Verdiensten des 19. Jahrhunderts, Ornamente des Mittelalters inventarisiert, die gotischen Dome vollendet, alte Techniken der Glasfensterherstellung wiedergefunden und damit das Handwerk wiederbelebt zu haben. Aber die Begeisterung für das Mittelalter und die Gotik hatte auch ihren Preis! Der vorhergehende barocke Stil wurde als überladen und oberflächlich regelrecht verachtet, das „Welsche" (= aus Italien Stammende) als störend empfunden. Ja, man verstieg sich, in der irrigen Annahme, dass die Gotik in Deutschland entstanden sei, in den Gedanken der Reinhaltung der Deutschen Baukunst und damit der Entfernung alles Nichtgotischen. Das Fehlende wurde in neugotischem, also der Gotik nachempfundenem, Stil ersetzt.

Das sakrale Amberg. Kirchen und Klöster

Abb. 57: Tumba des Pfalzgrafen Rupert Pipan, um 1400

gende Hund als Symbol der Treue zu lesen ist. Virtuos ist die durchbrochen gearbeitete Schriftrolle gestaltet, die die Deckplatte rahmt.

Um 1500 wird das Altarbild „Auffindung des Heiligen Kreuzes durch die Kaiserin Helena" datiert ④. Es würde gut in die Erbauungszeit der Kirche passen, stammt aber aus dem Kunsthandel und wurde erst 1868 gekauft. Der Maler ist Jan Pollack († 1519), der ursprünglich aus Krakau stamm-

Abb. 58: Altarbild von Jan Pollack, um 1500

te und zu einem der wichtigsten spätgotischen Maler im süddeutschen Raum wurde. Bildbestimmend steht Helena mit reichem Mantel im Zentrum des Bildes, während die übrigen Figuren entsprechend ihrer Bedeutung wesentlich kleiner dargestellt sind. Der derbe Ausdruck der Gesichter und die verrenkten Glieder der Figuren sind typisch für die Zeit.

Abb. 59: Grabdenkmal des Prinzen Philipp von 1575

Das sakrale Amberg. Kirchen und Klöster

Abb. 60: Krönung Mariens. Detail aus dem ehem. Hochaltarbild von Caspar de Crayer von 1659

Von harmonischer Proportion dagegen sind die Figuren auf dem Grabdenkmal des Prinzen Philipp ⑤ (s. Abb. 59). In einem architektonischen Aufbau mit Sockel, Karyatiden (so werden die Frauenfiguren, die anstelle von Säulen eingesetzt sind, genannt) und Gebälk sind das tote Kind, die Kreuztragung Christi und Christus als Weltenrichter angeordnet. Geflügelte Genien, fackeltragende Putten, die fast vollplastischen Karyatiden sowie die beiden in weit schwingende Draperien gehüllten Figuren oben verraten einen geübten Meister der Renaissance, vielleicht vom Hof in Heidelberg. Dem 1575 verstorbenen Kind sind die unten stehenden, anrührenden (heute nur schwer entzifferbaren) Verse zugedacht:

> *Liehg Ich Inn meim Kemmerlein*
> *Bey mein geliebsten Gschwisterlein*
> *Ich bin volkhummen worden Baldt*
> *War nur dreyzehen wochen vier tag alt*
> *Hab vil vor meinem Endt gelitten*
> *Christo zu Ehren treulich gstritten*
> *Nun schlaff Ich sanfft undt wart der zeit*
> *Biß Gott mich weckt zur Herrligkeit*

St. Martin

Mit dem großformatigen Gemälde Caspar de Crayers (s. S. 95) besitzt die Martinskirche auch aus dem 17. Jahrhundert ein großartiges Beispiel sakraler Malerei. Das ehemalige Hochaltarbild ❻ hängt heute rechts über dem Eingang der Sakristei und kann einen Eindruck der Ausstattung zur Barockzeit vermitteln. Etwas irritierend für die Martinskirche wirkt der im Zentrum der Darstellung stehende Sebastian. Er gehört aber zu einer ganzen Reihe von Heiligen, die sämtliche Patrozinien der Amberger Kirchen repräsentieren und gleichzeitig das Publikum für die Krönung Mariens abgeben, die in der oberen Bildhälfte dargestellt ist. Das barocke Pathos, die dralle Sinnlichkeit und die dramatische Theatralik erinnern an Peter Paul Rubens, das große Vorbild Crayers. Ursprünglich war die Stadt sogar in Briefkontakt mit Rubens wegen eines Altarbildes getreten, aber aufgrund der nicht unerheblichen Preisunterschiede (Rubens wollte 2000, Crayer nur 600 Gulden für ein Bild) doch bei Crayer gelandet. Nicht zu Unrecht wird Caspar de Crayer daher gerne als der „Rubens für den kleineren Geldbeutel" bezeichnet. Amberg besitzt insgesamt fünf Arbeiten von seiner Hand (s. S. 93).

Auch das darauffolgende 18. Jahrhundert hat seine kleine, aber feine Spur im Kirchenraum hinterlassen: Zunftstangen, geziert mit wundervoll bewegten Heiligen besetzen heute die Stirnseiten der Strebepfeiler im Chor ❼. Sie wurden bei Prozessionen von den jeweiligen Berufsgruppen getragen.

Abb. 61: Zunftstange mit dem Apostel Simon, 18. Jh.

Das sakrale Amberg. Kirchen und Klöster

Abb. 62: Neugotischer Altar in der Kreuzkapelle

Den größten Anteil an der Ausstattung aber hat das 19. Jahrhundert. Aus der Vielzahl der Altäre ragt der Flügelaltar in der Kreuzkapelle heraus ⑧. Gefertigt in der Mayer'schen Hofkunstanstalt München imitiert das Retabel gekonnt die Lieblingsform des gotischen Altares, wobei die einheitliche Größe aller Figuren, Christus am Kreuz, Maria, Johannes und der Engel, die neugotische Herkunft verrät. Aus dem selben Haus stammt die Kanzel ⑨, ein hervorragendes Werk der lange verschmähten „Steckerlgotik": Der säulchenbesetzte Fuß steigt auf, verbreitert sich in maßwerkgefüllten Bögen und bildet in einem halben Achteck den Kanzelkorpus. Die vier Evangelisten zieren die Basis des Ortes der Verkündigung. Am Deckel entfaltet sich dann die gesamte Musterzier der Mayer'schen Hofkunstanstalt und gipfelt in einem Guten Hirten unter einem Baldachin. Nur die gleichförmigen Maßwerkfelder des Treppenaufgangs zeigen die teilmaschinelle Fertigung des 19. Jahrhunderts.

Von großer Geschlossenheit ist die Ausstattung der Kirche mit Glasfenstern, die, mit Ausnahme des Chorfensters, seit 1874 in der Regensburger Werkstatt M. Schneider gefertigt wurden. Thematisch sind vor allem die Arbeiten in den Kapellen interessant: Hier war die Vorliebe der Stifter für die Darstellung ausschlaggebend. So initiiert der „Sulzbeckn Liederkranz" eine hl. Cäcilie, die für Gesang und Orgelspiel zuständige Heilige ❿, (s. Abb. 64) während sich die Knappschaft die Heilige der Bergleute, die hl. Barbara aussuchte. Im Chorhaupt schließlich finden Sie eine bekannte Darstellung: das heilige Abendmahl, wie es Leonardo da Vinci in seinem weltberühmten Fresko angeordnet hat ⓫. Ein Dilettant im besten Sinne des Wortes, Herr de Rom, der damalige Inspektor der Gewehrfabrik, hat dieses Fenster 1852 in seiner Freizeit gestaltet. Aufgrund seiner Thematik passt es hervorragend zum dort befindlichen Tabernakelaltar. So hat sich die Bürgerschaft von Amberg in der zweiten Hälfte des

Abb. 63: Neugotischer Kanzeldeckel

Das sakrale Amberg. Kirchen und Klöster

Abb. 64: Neugotisches Glasfenster mit der Darstellung der hl. Cäcilie

19. Jahrhunderts zum wiederholten Mal um die Ausstattung der bedeutenden Martinskirche mit größtem Erfolg bemüht.

Nicht unbemerkt sollte das Epitaph für Martin Merz außen neben dem Südportal bleiben ⓬. Die große Rotmarmorplatte erinnert an den Geschützbauer und Erfinder der Lafette, der bis zu seinem Tod, 1503, in Amberg lebte. Wie Sie der dargestellten Kleidung und dem Rosenkranz entnehmen können, war er ein reicher und frommer Mann, vor allem aber war er bereits ein Renaissancemensch: Nicht in gotischer Unversehrtheit lässt er sich abbilden, nein, stolz auf seine Leistung präsentiert er sich mit einem Pflaster auf dem rechten Auge.

Abb. 65: Epitaph für den Geschützbauer Martin Merz

16 Spitalkirche

Sicherlich war zur Blütezeit Ambergs im ausgehenden Mittelalter das Spital und seine Kirche ein vielbesuchter und bekannter Ort, bot es doch neben der Versorgung der Alten, Kranken und Waisen auch Unterkunft und Verpflegung für Reisende. Das 1317 von Ludwig dem Bayern gegründete Spital selbst hat sich nicht mehr erhalten, wohl aber die Kirche. In der heute bestehenden reichen Kirchenlandschaft Ambergs muss sich der schlichte Bau aus dem 14. Jahrhundert allerdings mit einer Nebenrolle begnügen, der maßwerkgeschmückte steinerne Kastenaltar und die beiden figürlichen Schlusssteine aus der Erbauungszeit lohnen aber einen Blick. Hier wurde übrigens die erste Predigt auf Deutsch in Amberg von dem 1538 in die Stadt gerufenen lutherischen Prediger Andreas Hügel gehalten.

Abb. 66: Innenraum der Spitalkirche

17 Paulanerkirche

Abb. 67: Ehem. Kirche und Kloster der Paulaner

Paulanerklöster haben sich gerne in Städten, in denen es viele Soldaten gibt, angesiedelt. Zumindest in der Barockzeit war dies üblich. Amberg hatte seit Beginn des 18. Jahrhunderts eine innerstädtische Kaserne (s. S. 132). Der Zuzug der Paulaner, die sich der Soldatenseelsorge verschrieben hatten (und hervorragendes Bier brauten), wird daher verständlich. Großzügigen Bauplatz stellte man auch ihnen, wie vorher schon den Jesuiten und den Salesianerinnen, zur Verfügung. Dass bei diesem Bauvorhaben der bayerische Kurfürst tonangebend war, wird an der Tatsache, dass Hofbaumeister Antonio Viscardi aus München einen prachtvollen Kirchenentwurf schickte, erkennbar. Letztendlich aber durfte der brave Hofbaumeister von Amberg, Wolfgang Dientzenhofer, einen Entwurf vorlegen, der schließlich zur Ausführung kam, wenn auch erst nach dem Tod des Baumeisters. 1717–19 wird als Bauzeit angegeben. Die Handschrift Dientzenhofers ist unverkennbar: Kolossalpilaster zur Gliederung der Fassade, Segmentbogen zum Schmuck der Portale und Fenster sowie Dreiecksgiebel mit Voluten im oberen Ab-

Das sakrale Amberg. Kirchen und Klöster

Abb. 68: Glasfenster mit der Darstellung von Petrus und Paulus

schluss (s. Abb. 75–77). Wuchtig und etwas spröde wirkt das Äußere, das vielleicht dem Armutsgelübde des Bettelordens der „mindersten Brüder" geschuldet ist. Die hochbarocke Wandpfeilerkirche innen tritt klar hervor, da die Ausstattung in der Säkularisation verloren ging und die Kirche heute die einzige evangelisch-lutherische im Altstadtgebiet ist. Dem aufmerksamen Besucher fällt hier vielleicht das Rundbogenfenster in der Eingangswand auf, dessen farbenprächtiges Glasgemälde Petrus und Paulus darstellt. Es war sicher der ganze Stolz der seit 1862 hier ansässigen jungen evangelischen Gemeinde. Erhalten hat sich neben wenigen Fresken über den Emporen die qualitätvolle Stuckausstattung aus den 1720er- oder 1730er-Jahren. Bandelwerk wird das Gespinst aus elegantem

Abb. 69: Reich stuckiertes Gewölbe im Langhaus der Paulanerkirche

Blattwerk und rechtwinklig abknickenden Bändern genannt, das das gesamte Gewölbe überzieht. Interessant ist hier der Vergleich mit den um 1900 erneuerten Emporen, was die gleichförmigen, vielleicht industriell gefertigten Stuckaturen erklärt. Die ehemaligen Klostergebäude auf der Ost- und Südseite der Kirche dienen heute als Amtsgericht (nicht öffentlich zugänglich).

18 Frauenkirche

Frauenkirchen gibt es in Süddeutschland in großer Zahl. Viele davon verbindet eine gemeinsame Entstehungsgeschichte. Ambergs Frauenkirche, Würzburgs „Unsere Liebe Frau", Nürnbergs „Frauenkirche" und Regensburgs „Neupfarre" ist gemeinsam, dass sie über dem Platz einer Synagoge errichtet wurden. Im 14. Jahrhundert stand an Stelle der Frauenkirche eine „Judenschul", darum die Häuser für die ansässigen jüdischen Familien, das jüdische Wohnviertel. Die Gemeinde muss in dieser Zeit recht

Abb. 70: Türmchen der Frauenkirche

groß gewesen sein, hatte man doch einen eigenen Eid vor Gericht und eben eine Schul mit Lehrer (Maggid) vor Ort. Die Habgier der reichen Bevölkerung Ambergs setzte diesem Leben in Amberg schlagartig ein Ende, als man überschlug, dass das von den Juden geliehene Geld wohl niemals zurückzahlbar war. Der Vertreibung der Juden im Jahre 1391 folgte der Abriss der Synagoge und wohl der sofortige Baubeginn der

Das sakrale Amberg. Kirchen und Klöster

Abb. 71: Westportal der Frauenkirche

„Frauenkirche". Der Marienkult sollte die Erinnerung an die vorhergehende Bebauung auslöschen. Die kleine Hallenkirche mit der schrägen Westwand und dem dreiseitigen Chor kann wegen ihres schlechten Bauzustandes derzeit nicht besichtigt werden.

19 Ehem. Jesuitenkolleg

Die erste Frage, die sich vor dem gewaltigen Gebäuderiegel stellt, ist: Für wen wurde das gebaut? Es müssen mächtige Herren gewesen sein, die sich eine Fassade von 160 m Länge leisten mochten (s. Abb. 45). Der heutige Name „Malteser", auch der davorliegende „Malteserplatz", der angrenzende Maltesergarten und die integrierte Maltesergaststätte verraten nichts von den früheren Hausherren. Denn der Orden der Malteser zog hier erst 1782 ein und bei der Säkularisation wenig später schon wieder aus. Die Brauerei blieb länger und setzte allem ihr „Malteser" vor.

1621 kamen die ursprünglichen Bauherren in die Stadt, im Gefolge des katholischen Herzogs Maximilian von Bayern, des neuen Herrschers über die Oberpfalz und damit über Amberg: die Jesuiten.

Abb. 72: Ansicht des Jesuitenkollegs, Gemälde Ende 17. Jahrhundert wohl nach Zeichnung von Fr. Johannes Hörmann, S.J., 1686 (Leihgabe des Bay. Nationalmuseums im Stadtmuseum Amberg)

Das sakrale Amberg. Kirchen und Klöster

Die Jesuiten

Der Orden wurde 1540 von Ignatius von Loyola, einem adeligen Offizier aus dem Baskenland gegründet. Seine mystischen Erfahrungen, aber auch seine Ausbildung zum Offizier wurden wesentlich für die Grundsätze des Ordens. Absoluter Gehorsam, straffe Hierarchie, keine Ordenskleidung, kein gemeinsames Chorgebet machten die Ordensmitglieder flexibel und unabhängig. Bald schon trieben sie Mission in weit entfernten Ländern, Indien und Afrika, schließlich auch China. Dem Auftrag, die Gegenreformation voranzutreiben, kam der Orden durch Predigt und Seelsorge, vor allem aber durch die Bildung der Jugend in eigenen Schulen und Universitäten, nach. Glaubensinhalte suchten sie in der Barockzeit durch prunkvolle Zeremonien, Musik und religiöse Theaterspiele zu vermitteln. Wegen der zunehmenden Selbstständigkeit des weltweit agierenden Ordens kam es zu Verschwörungstheorien und 1773 hob der Papst auf Betreiben Kaiser Josephs den Orden auf. 1814 wurde die Gesellschaft Jesu wieder zugelassen; sie hat derzeit etwa 18 000 Mitglieder.

Nach und nach erhielten sie die Georgskirche als Kollegkirche, einzelne Häuser in der Stadt, um eine Schule zu errichten, und schließlich das gesamte Gebiet um die Georgskirche. Zwölf Häuser waren hier früher gestanden, ein Stadttor führte hinter der Kirche aus der Stadt hinaus. Das alte Georgentor wurde verlegt, die Häuser abgerissen, der Neubau der Jesuitenkollegs 1665 bis 1692 realisiert. Seminar, Gymnasium, Bibliothek, Kongregationssaal und Klostergebäude waren darin untergebracht.

Die Länge des Gebäudes wird durch die Reihe weitgehend ungegliederter Fensterachsen betont. Lediglich die Ecken tragen volutengeschmückte Giebel. Eine Gliederung des Baukörpers können auch die renaissancehaft strengen Por-

Abb. 73: Fassade des ehem. Jesuitenkollegs

talarchitekturen nicht leisten. Fast verspielt wirkt dagegen der Kamin, der das Dach belebt. Auffällig ist der im Südflügel sich steigernde Schmuck: Die geohrten Fenster erhalten

Abb. 74: Volutengiebel am ehem. Jesuitenkolleg

Das sakrale Amberg. Kirchen und Klöster

Dreiecks- und Segmentgiebel, ein kleines Glockentürmchen sitzt auf dem Dach. Dieser Bauteil und der Nordflügel wurden von dem in Waldsassen tätigen Georg Dientzenhofer betreut. Sein plötzlicher Tod 1689 rief seinen Bruder Wolfgang Dientzenhofer auf den Plan. Er musste dafür sorgen, dass der begonnene Bau zu Ende gebracht wurde.

Wolfgang Dientzenhofer

Ein einmaliges Phänomen in der barocken Architektur ist das Auftreten der Familie Dientzenhofer. Alle fünf Brüder werden Baumeister, alle fünf bereichern die hochbarocke Architekturlandschaft in Böhmen und Süddeutschland. Waldsassen, Kloster Banz, der Fuldaer Dom, unzählige Objekte in Bamberg und Amberg sind mit dem Namen Dientzenhofer verbunden. Aus einem winzigen Ort bei Bad Feilnbach in Oberbayern machen sich die Brüder über Passau auf den Weg nach Böhmen. Als Gehilfen auf den großen Baustellen verdingten sich damals viele Bauernsöhne. Lehre und weiterer Aufstieg war möglich. Wolfgang Dientzenhofer, der zweitälteste, ist wie seine Brüder 1678 in Prag als Baumeister angesiedelt. Dort ereilt ihn 1689 der Hilferuf der Witwe Georg Dientzenhofers. Der plötzliche Tod ihres Mannes hinterlässt mehrere begonnene Bauvorhaben, die von der Familie zu Ende gebracht werden müssen. Wolfgang macht sich auf in die Oberpfalz. Und er bleibt. Denn hier gibt es nach dem Dreißigjährigen Krieg und durch die Gegenreformation eine große Menge an Bauaufträgen. Seine eigentliche Herkunft aus Oberbayern kommt dem Kurfürsten gelegen, denn den einheimischen Amberger Kräften traut er nicht über den Weg. So wird das Amt eines Hofbaumeisters geschaffen, das Wolfgang Dientzenhofer von 1695 bis zu seinem Tod 1706 bekleidet. Mit enormem Fleiß hat er alle großen Bauaufträge abgearbeitet, so dass das Amt danach nicht mehr besetzt wird.

Abb. 75–77: Dientzenhoferfassaden in Amberg: Nordfassade des Salesianerinnenklosters (li. oben), Paulanerkirche (re. oben), Maria-Hilf Kirche (unten)

19 St. Georg

Ungewöhnlicherweise führt der Weg zum Eingang der Georgskirche am gesamten Kirchenbau entlang, da die Stadtmauer den Klosterbezirk samt Kirche in einem eindrucksvollen Bogen umspannt (s. Abb. 72). Kräftige Strebepfeiler, ein gotischer krabbenbesetzter Wimperg, zierliche Konsolen und Baldachine, die nichts bedachen, bestimmen die hochaufragende Westseite (s. Abb. 78). Sie gehören zur Kirche St. Georg, deren heutiger Bau von 1359–1407 errichtet wurde und bis 1629 Pfarrkirche war. Vom ersten, weitaus älteren Kirchenbau an dieser Stelle hat sich nichts erhalten. Betreten wir die Kirche in Erwartung eines ebenso hochgotischen

Abb. 78: Gotisches Westportal der Georgskirche

Innenraumes, sehen wir uns völlig überrascht um: Der weiße Putz der Wände, die zarten Stuckaturen, die erzählfreudigen Fresken und der chorfüllende, säulengerahmte Hochaltar sprechen eine andere Sprache.

St. Georg

Abb. 79: Der barockisierte Innenraum

Der Bruch begann bereits im 16. Jahrhundert, als Amberg durch landesherrlichen Beschluss calvinistisch wurde. Im damaligen Bildersturm gingen wohl die Figuren, die unter den Baldachinen des Portals standen, aber auch die Innen-

Das sakrale Amberg. Kirchen und Klöster

ausstattung verloren. 1621, als Amberg bayerisch und damit wieder katholisch wurde, erhielten die sogleich in der Stadt angesiedelten Jesuiten die gotische Georgskirche als Gottesdienstraum. Ein Neubau einer Kirche nach dem Vorbild der ersten Jesuitenkirche in Rom, Il Gesu, kam wohl aus finanziellen Gründen nicht in Betracht (der vorangegangene Dreißigjährige Krieg und der Neubau des Kollegs hatte alle Geldmittel aufgebraucht), so dass die „kleine Lösung" der Barockisierung der mittelalterlichen Basilika ausgeführt wurde.

Gleich einem stützenden Gerüst ist die hochgotische Architektur vorhanden, jedoch unter dem reichen barocken Kleid nur noch zu ahnen. Hauptproblem war, den nach oben strebenden Raumeindruck der Gotik in einen damals modernen, lagernden, von der Horizontale bestimmten Raumeindruck zu überführen. Dabei fanden ungewöhnliche Lösungen Verwendung:

- Im Langhaus wurden aus den ehedem reich profilierten Dienstbündelpfeilern einfache Rundpfeiler mit ionischem Kapitell. Sie sollen Säulen vortäuschen.
- Die gotischen Spitzbogen dazwischen wurden in anrollenden Voluten nahezu rundbogig.
- Im Bereich der Mittelschiffswand wurde die Verbindung zwischen den Gewölberippen und den Pfeilern unterbrochen. So bleiben oben Konsolen hängen, während die Dienste (dünne Säulchen), die die Gewölberippen aufnahmen und nach unten führten, entfernt wurden. Hier entstanden stattdessen großformatige flache Wandfresken, wobei die dazwischen gesetzten vollplastischen, überlebensgroßen Stuckfiguren rhythmische Akzente schaffen. Der Trick, die Betonung im Wandbereich genau über die Bogenmitte und damit im gotischen Raumsystem auf die unbetonte Stelle zu setzen, bewirkt einen deutlich breiteren Eindruck des Langhauses.
- In der Gewölbezone schließlich wurden allen tragenden Rippen stuckierte Laubgirlanden aufgesetzt und so struk-

St. Georg

Abb. 80: Hochschiffswand

    tive Teile in dekorative überführt. Die Gewölbewangen sind reich ausstuckiert und die Gewölbescheitel machen Fresken Platz.
- Im Chor sorgt das hohe, dunkle Gestühl zwar weiterhin für einen schlanken, langgezogenen Chorraum, das Oratorium im nördlichen Obergeschoss jedoch bricht die Wand auf und der die gesamte Chorhöhe und Breite einnehmende Hochaltar verkürzt optisch den langen Chor.

Die Barockisierung änderte nicht nur die Optik des Kirchenraumes, viel subtiler noch wurde die Georgskirche **inhaltlich** zu einer Jesuitenkirche.

In vielen Georgsdarstellungen tritt uns der Heilige in Ritterrüstung zu Pferde entgegen, in seiner Nähe ein verendender Drache und eine liebliche Prinzessin. Kaum ein Bildprogramm verzichtet auf die abenteuerliche und anrührende Geschichte.

In unserer Georgskirche ist ein recht klein geratener Drache, der sich im Dunkeln am unteren linken Bildrand des Hochaltarbildes windet, alles, was an die herkömmliche Darstellung des tapferen Ritters Georg erinnert. Dabei bekommt seine Vita breiten Raum! Alle fünf Deckenfresken des Mittelschiffs schildern das Leben und Sterben Georgs.

> **St. Georg**
>
> In der Legenda Aurea, dem wichtigsten Buch der Heiligen im Mittelalter, wird die Geschichte Georgs als Drachenkämpfer erzählt. Ein Drache bedroht die Stadt Silena in Lybien. Nachdem er sich nicht mehr mit Lämmern als Opfer zufrieden gibt, werden die Söhne und Töchter der Stadt geopfert. Als die Tochter des Königs dem Drachen zugeführt wird, kommt St. Georg herangeritten, tötet den Drachen mit einer Lanze mit Kreuzzeichen. Georg und die Prinzessin ziehen in die Stadt ein und alle werden getauft. Als Ritter in Rüstung wurde Georg bereits früh als Heiliger für alle eisenverarbeitenden Zünfte aber auch bei ansteckenden Krankheiten angerufen.

Beginnend im Westen sehen wir im Zentrum des Bildes einen römischen Soldaten, einen Offizier mit mächtigem Brustpanzer und großem Federschmuck auf dem Helm. Die Farben seines Gewandes symbolisieren mit dem blauen Wams die Zugehörigkeit zu Christus, der rote Mantel weist ihn als Märtyrer aus, der für seinen Glauben sterben wird. Georg hatte sich, obgleich Christ, zum Kriegsdienst unter dem Christenverfolger Kaiser Diokletian verpflichtet. Und so ist er im ersten Fresko mit erhobenem Kreuz, als seinen Glauben bekennender Offizier, gezeigt. Auch der Ordensgründer der Jesuiten, Ignatius von Loyola, war Offizier, auch er wird gerne mit erhobenem Kreuz dargestellt. Ebenso sein Mitstreiter Franz Xaver. Das Auftreten Georgs im Tempelbezirk, wie es im ersten Bild geschildert wird, bleibt nicht ungeahndet: Vier Martyrien hat Georg zu bestehen, erst das letzte bringt ihm den Tod. Er schwört

St. Georg

Abb. 81: Hl. Georg mit Kreuz; Abb. 82: Franz Xaver mit Kreuz

dem christlichen Glauben nicht ab in der Grube mit siedendem Kalk, nicht beim Gang über glühende Kohlen und auch nicht bei der Folter über dem Rad. Schließlich wird er enthauptet. In den vier weiteren Deckenfresken werden diese Martyrien geschildert. Standhaftigkeit und Glau-

Das sakrale Amberg. Kirchen und Klöster

bensfestigkeit sollen wir durch das Vorbild Georgs lernen. Nicht ganz zufällig sind dies auch die zentralen jesuitischen Tugenden! Wer das Programm für die Ausmalung der Kirche entwarf, wissen wir nicht, dass der hl. Georg hier aber fast als vorbildlicher Jesuit vereinnahmt wird, dürfen wir bemerken.

Johann Adam Müller verdanken wir die Freskomalerei in Amberg. Er wiederum verdankt sein Können seinem Lehrer Cosmas Damian Asam. Gerade der für Asam typische Architektursockel, auf dem er seine Bilderzählung aufbaut, wird von Müller vielfach übernommen. Die in der Enthauptungsszene (Chorfresko) gezeigte extreme Untersicht der Figuren, der weitausgreifende Schritt des Henkers, die demutsvoll kniende Haltung des Märtyrers, die bewegte Mimik, die Vorliebe für gedämpftes Rot und Ocker, lässt an Asam und dessen Arbeiten in der Klosterkirche St. Jakob in Ensdorf denken, die Müller sicherlich kannte. Die Ausmalung der Georgskirche in Amberg ist Johann Adam Müllers umfangreichstes und anspruchsvolls-

Abb. 83: Chorfresko: Die Enthauptung des hl. Georg

St. Georg

Abb. 84: Wandbild auf der Nordseite: Der hl. Georg schützt beim Brand der Georgskirche

tes Werk. Anders als in seinen Altarbildern bemüht er sich um große Tiefenräumlichkeit.

Auch in den Wandbildern baut er die Architektur und die Figuren so ins Bild, dass sich der Raum illusionistisch weit nach hinten oder oben erstreckt. In perfektem Zusammenspiel greifen die großfigurigen Stuckapostel nach vorne in den Raum, während die Bilder dazwischen den Raum nach hinten staffeln. Die starre gotische Architektur wird mit Hilfe der Skulptur und der Malerei in barocke Schwingung versetzt. Schöpfer der weit ausgreifenden Apostelfiguren ist der damals noch junge Johann Baptist Zimmermann, dessen Gespür für Inszenierungen sich aber bereits vollständig entwickelt zeigt. Hauptperson der Bilddarstellungen dazwischen ist der hl. Georg. Auf der Südseite als Ritter und Retter der Weltgeschichte: Bei den Kreuzzügen, bei der Belagerung Wiens 1683 und bei der Seeschlacht von Lepanto 1571. Auf der Nordseite steht er dem Einzelnen bei, bei Gefahren, die die Amberger Bürger im 18. Jahrhundert ganz real betreffen: Feuer, Krankheiten und Schiffbruch – ein sechsfacher Einsatz als Wahrer des christlichen Glaubens und als Nothelfer.

Das sakrale Amberg. Kirchen und Klöster

Abb. 85: Blick in den Chor

Nachdem Georg nun ausführlich als jesuitischer Tugendträger geschildert wurde, findet seine bekannte Drachengeschichte im Hochaltarbild doch noch Erwähnung. Es zeigt die Aufnahme Georgs in den Himmel (Apotheose). Alles Irdische liegt dem Märtyrer zu Füßen: Instrumente seines Martyriums, das Rad ist gut erkennbar, und eben auch der getö-

tete Drache. Aufgehoben von Engeln wird Georg der hl. Dreifaltigkeit entgegengetragen, am oberen Bildrand symbolisiert durch das Auge im Dreieck. Die ursprünglich noch darüber befindliche Heiliggeisttaube musste abgeschnitten werden, da das vom Hofmaler Johann Nepomuk Schöpf aus München gelieferte neue Altarbild zu groß war. Auf den Drachen unten wollte man wohl doch nicht verzichten.

Das sakrale Amberg. Kirchen und Klöster

Abb. 86: Hochaltar

Der mächtige Altarbau fasziniert sowohl durch seine Größe als auch durch seine intensive Farbigkeit. Symbolisch begleiten die Farben die einzelnen Zonen und unterstreichen die Bildaussagen. Das Grün der Sockelzone beschreibt alles Irdische, während die blauen Säulen den Bereich des Himmels und der Ewigkeit anzeigen. Die dritte Farbe, das Rot, umgibt den Namen Jesu (IHS = Iesus Hieros Soter = Jesus Hominum Salvator = Jesus, Erlöser der Menschen = Jesus, Heiland, Seligmacher), der als riesige vergoldete Schnitzarbeit den oberen Abschluss des Hochaltars bildet. Sie steht für das Blut, das Christus zur Erlösung der Menschen vergossen hat, daher ist sie auch im irdischen Teil zu finden. Schöpfer dieser großen Maschine (aus der Theatersprache kommender Fachausdruck für raumfüllende barocke Altarbauten) war Frater Johannes Hörmann, ein Laienbruder im Jesuitenkolleg, dessen Beruf eines Kunstschreiners sich die Jesuiten fleißig zunutze machten (s. S. 92 und 97): Altar, Gestühl und Chorgestühl der Georgskirche, Decke und erster Altar des Kongregationssaales waren wohl große Aufgaben für ihn. Von den Jesuiten wurde er durch alle bayerischen Niederlassungen gereicht. Altarbauten in Straubing und die Kanzel in der Münchner Michaelskirche belegen sein Wirken außerhalb Ambergs. Er scheint sein Handwerk beherrscht zu haben, arbeitete aber in den schweren Formen des Frühbarocks, wie der strenge Aufbau des Hochaltars und die massigen Akanthusranken des Kirchengestühls zeigen. Sogar knorpelige Ornamente im oberen Abschluss, die zwar etwas veraltet in der Zeit von 1690 wirken, aber herrlich kräftig ausgeführt sind, sind zu finden. Etwas leichter erscheint das stark profilierte Chor-

Abb. 87: Kirchengestühl

gestühl. Eine lange Reihe von ornamentierten Pilastern teilt die einzelnen Sitze (Stallen) zu beiden Seiten des Chores.

Abb. 88: Figur des hl. Michael auf dem Kanzeldeckel

Auf der Höhe der Zeit präsentiert sich die Kanzel von 1702. Akanthusranken, ohne die in diesen Jahren keine Dekoration auskam, bilden den Konsolenfuß, zieren verschwenderisch das Korpus und den Schalldeckel und bilden letztlich eine Art Podest für die lebensgroße Figur des hl. Michael. Michael, der Lieblingsheilige der Jesuiten, wie Georg ein Heiliger in Rüstung, wird hier in ähnlicher Aufmachung wie der Kirchenpatron auf einer Erdkugel stehend gezeigt – als Anspielung auf die Weltmission der Jesuiten.

Größeren Raum erhält das jesuitische Wirken dann noch in den Fresken und Altären der Seitenschiffe: Das nördliche erzählt vom Leben des Ordensgründers Ignatius von Loyola, das südliche bringt uns Franz Xaver und seine Indienmission im Seitenaltar mit wunderschönen Papageien nahe. Beide Altarbilder entstammen der Crayerwerkstatt.

Wer die unterschiedliche Ornamentik des Barocks und des Rokokos studieren möchte, dem sei noch ein Blick in die Kapellen empfohlen. Gab es im Gewölbe der Mittel- und Seitenschiffe Blattstäbe und feines Laub- und Bandelwerk zu sehen, können die Kapellenstuckaturen durch die reichliche Verwendung der Rocaille ihre Entstehung in der Zeit des Rokokos um 1750 nicht verbergen.

Kongregationssaal

Elf Ochsenaugen – so werden die kreisrunden Fenster genannt – bereichern den langgestreckten Ostflügel des Jesuitenkollegs. Sie zeigen am Außenbau die Lage des Kongregationssaales der Marianischen Männerkongregation im Gesamtkomplex an (s. Abb. 73).

> ### Kongregationssäle
> Versammlungsorte für einen Zusammenschluss von Laien zu einer religiös orientierten Gemeinschaft. Die Räume wurden auch für geistliche Spiele und Musikaufführungen genutzt. In Amberg diente der Saal zudem als Aula des Jesuitengymnasiums. Sieben solcher Kongregationssäle sind in Bayern noch erhalten. Der prächtigste ist in Ingolstadt zu finden: S. Maria de Victoria. Bekannt sind auch der Bürgersaal in München oder der Kongregationssaal in Neuburg/Donau. Gemeinsam ist allen diesen Räumen eine einfache Architektur, die durch kostbare Ausstattung aufgewertet wird.

Im Inneren dominiert den ersten Eindruck die wuchtige Holz-Kassettendecke, die über die gesamten 585 m² den oberen Abschluss bildet. Die Fertigungszeit betrug wohl ein Jahr, da die Rechnungen für diesen Zeitraum für sieben

Das sakrale Amberg. Kirchen und Klöster

Schreiner jeweils zwei Maß Bier und weitere Verpflegung ausweisen. Den Entwurf besorgte 1672 der Kunstschreiner Johannes Hörmann, der als Laienbruder dem Jesuitenorden angehörte und auch in St. Georg für die Holzarbeiten verantwortlich war. Hörmann war ein fleißiger und auch phantasievoller Schreiner, der jedoch mit den neuesten Trends nicht vertraut war. So ist die ungefasste Holzdecke mit lediglich einem zentralen Leinwandgemälde für die beginnende Barockzeit zwar eindrucksvoll, aber auch ein wenig unmodern.

Die übrige, zeitgleich entstandene Ausstattung – Tafelbilder, Hochaltar und Silberfiguren – zeigt sich hier hochbarock, auf der Höhe ihrer Zeit. Erschwerte Bedingungen herrschen für die Ausstattung durch die vielen Fenster zu beiden Seiten und die anfangs erwähnten Ochsenaugen, die das Licht gleich einem Scheinwerfer in den breit gelagerten Raum lenken. So ist an den schmalen Wandstreifen zwischen den Fenstern gerade Platz für Tafelbilder, die in zwei jeweils sechsteiligen Zyklen Bezug auf die Nutzung des Saales nehmen.

Die Vita des hl. Aloysius ist Thema der ersten sechs, am Eingang hängenden, Gemälde. Da sich die Amberger Kongregation aus den ehemaligen Studenten des Jesuitenkollegs formierte und der Saal auch als Aula für das Jesuitengymnasium diente, war der hl. Aloysius, der Patron der studierenden Jugend, äußerst passend. Die künstlerische Gestaltung durch einen anonymen Künstler ist etwas naiv, während der anschließende Marienzyklus eine geübte Hand verrät. Die Lockerheit der Pinselschrift Johann Caspar Sings, Hofmaler aus München, macht den Reiz dieser zum Altar hin hängenden sechs Tafeln aus. Auch hier ist das Thema bewusst gewählt, hatte sich die Amberger Kongregation doch vor allem die Verehrung Mariens auf ihre Fahnen geschrieben.

Bemerkenswert das Tafelbild gegenüber der Kanzel. Um 1700 entstanden, vertritt es einen damals neuen, aus der Gegenreformation entstandenen Bildtypus: „Die sieben Zu-

Abb. 89: Der Kongregationssaal

fluchten". Die Seele im Fegfeuer (am unteren Bildrand dargestellt) hat die im oberen Teil verbildlichten Zufluchten: die Heiligen und Seligen, die Heilige Monstranz, Maria, Christus, Gottvater und Heiligen Geist. Die sieben Zufluchten entsprechen, gegenüber der Kanzel, in dem streng symmetrisch ausgestaltetem Raum einer immerwährenden Predigt.

Seinen größten Reichtum entfaltet der Raum an der Nordseite, die den säulengerahmten Altar und begleitende Oratorien aufnimmt. Im Hochaltarbild lernen wir einen weiteren Maler kennen, den Flamen Caspar de Crayer.

Die Himmelfahrt Mariens wird in hochbarocker Manier theatralisch in Szene gesetzt. Anleihen von Peter Paul Rubens sind unverkennbar. So folgt Crayer zwar der üblichen Ikonographie des Themas: Er lässt die Jünger den Sarkophag Mariens umstehen und Maria von Engeln und Wolken umgeben zu Gottvater nach oben entschweben. Die beiden Frauen am offenen Grab aber hat er direkt von Rubens übernommen, der sie in diesen Bildtypus eingeführt hat. Sie fungieren als Leichenwäscherinnen, zugleich symbolisieren die weißen und roten Rosen in ihren Händen das Märtyrertum

Das sakrale Amberg. Kirchen und Klöster

Abb. 90: Rokokoaltar mit Gemälde von Caspar de Crayer

und die Reinheit Mariens. Alle Figuren sind in einem das ganze Bild einnehmenden S-Schwung angeordnet, der links unten mit der hochaufragenden Apostelfigur im roten Mantel beginnt, sich über Petrus und den jugendlichen bartlosen Johannes fortsetzt und schließlich in der von Engeln gehobenen Maria endet. Weitere Gemälde von Caspar de Crayer hängen in Amberg in der Martinskirche (s. S. 63).

Kongregationssaal

Die Bewegtheit des Altarbildes wird vom Altarbau aufgenommen. Vor allem im Gebälk über den Säulen ist ein Kurvieren und Schwingen zu sehen, das die Theatralik des Blattes noch steigert. Der überaus begabte Amberger Schreiner Leonhard Bacher schafft damit ein gelungenes Beispiel eines Zusammenspiels verschiedener Epochen, denn der Altarbau entstammt nicht der ersten Ausstattungsphase. Er musste vielmehr, nachdem der Saal im Österreichischen Erbfolgekrieg als Lazarett benutzt wurde, erneuert werden. Zwischen der Fertigung des Crayer Bildes und der des Altarbaues liegen also 100 Jahre!

Caspar de Crayer (1584–1669)

trat bald schon in die Fußstapfen seines Vaters, der in Antwerpen als Kunsthändler, Dekorationsmaler und Dekan der Lukasgilde (Malerzunft) tätig war. Er durchlief die damalige Ausbildung zum Maler, die vor allem im Abzeichnen und Kopieren alter Meister bestand. Im größeren Stil als sein Vater war er dann als Kunsthändler an den europäischen Höfen zu finden und stieg sogar zum Hofmaler am spanischen Hof auf. Dort hatte er 1640 den Auftrag, die durch den Tod Peter Paul Rubens unvollendeten Bilder fertig zu malen. Rubens war für ihn absolutes Vorbild: Motivbehandlung und Theatralik zeigen starke Anleihen. Auch den Aufbau einer gut organisierten Werkstatt mit einem großen Stab an spezialisierten Fachmalern, die fast im Akkord arbeiteten, ahmte er nach. Ein direkter Kontakt der beiden Künstler ist wahrscheinlich, aber bisher nicht belegt. Caspar de Crayer hinterließ Hunderte von Altarbildern und Heiligenbildern, die es vielfach in die bedeutenden Museen der Welt geschafft haben: in die Münchner Pinakothek, in das Kunsthistorischen Museum in Wien, in die Uffizien in Florenz, in den Madrider Prado, in den Louvre in Paris und in das Metropolitan Museum in New York, aber auch in den Kongregationssaal in Amberg.

Das sakrale Amberg. Kirchen und Klöster

Die wertvollsten Ausstattungsstücke machen durch ihren Silberglanz auf sich aufmerksam: fünf aus Silber getriebene Figuren aus der Werkstatt des Goldschmieds Heinrich Mannlich in Augsburg. Die Familiengeschichte Mariens erfährt hier eine dreidimensionale Ausgestaltung: Joachim und Anna, die Eltern Mariens, Joseph und Johannes und schließlich Maria in der Darstellung der Maria Immaculata; unglaublich dünn gearbeitet, fast rokokohaft bewegt und in den Details wie der Nachahmung von Brokatstoff in der Gewandpartie absolut meisterhaft.

Der besondere Reiz des Kongregationssaales liegt in der Harmonie der Ausstattungsteile, obgleich Künstler aus verschiedenen Regionen hier gearbeitet haben: der Augsburger Goldschmied, der Altarbauer aus Amberg, der Brüsseler Maler, der Münchner Hofmaler und der in Amberg ansässige Holzspezialist.

Abb. 91: Joachim, eine der fünf Silberfiguren

19 Provinzialbibliothek

Hinter dem etwas undurchsichtigen Namen „Provinzialbibliothek" verbergen sich eine wichtige moderne Ausleihbibliothek, aber auch die original erhaltenen Räume der barocken Jesuitenbibliothek. „Sapientiae sedes" (Sitz der Weisheit) ist auf der geschnitzten Supraporte über dem

Abb. 92: Der barocke Saal der Provinzialbibliothek

Eingang des alten Bibliothekssaales zu lesen. Weisheit, Wissen, Bücher waren die Waffen der Jesuiten in ihrem Kampf gegen Ungläubige und Ketzer. Der Errichtung von Bibliotheken galt daher größtes Interesse. Der wie ein Sakralraum nach Osten gerichtete Saal bildet das Zentrum der gesamten Kolleganlage und liegt gleichzeitig in direkter Verlängerung des Kirchenschiffs. Er wirkt wie aus einem Guss; tatsächlich aber ist er in zwei Anläufen entstanden. 1681, als die Kollegiengebäude fertig waren, belegte die Bibliothek die südlichen vier Fensterachsen. Wie immer wenn Holzarbeiten im Kloster anfielen, war Frater

Das sakrale Amberg. Kirchen und Klöster

Abb. 93: Eingangsportal innen mit den Wandbildern des Kurfürsten und seiner Gemahlin

Johannes Hörmann zur Stelle (s. S. 89 und 92). Er entwarf die Galerieregale mit den Knorpelwerkkartuschen. Auch die Fruchtgirlanden und die etwas teigigen Muschel- und Akanthusornamente entstammen dem Formenrepertoire Hörmanns. 1725 war der Saal zu klein geworden, die Bibliothek dehnte sich auch über die beiden angrenzenden Krankenzimmer aus und umfasste nun sieben Fenster. Daher erfolgte die Neuausstattung, eigentümlicherweise aber nur in der Gewölbezone: Fresken und Stuckatur bringen dem Saal mit Farben und flüssig gearbeitetem Bandelwerk eine heitere, helle Raumstimmung.

Passend zum „Ort der Weisheit" zeigt das Bildprogramm der drei Deckenfresken die Heilige Dreifaltigkeit, die dem Menschen ihre göttliche Weisheit schenkt: In der Mitte sind Adam und Eva mit Gottvater am Baum der Erkenntnis zu sehen, das Südliche zeigt den zwölfjährigen Jesus im Tempel bei den Schriftgelehrten und im Nördlichen erleben wir die Ausgießung des Heiligen Geistes. In gekonnter, hochbarocker Manier entwarf der Maler Johann Gebhard aus Prüfening bei Regensburg illusionistische Architekturen und bringt uns mit der Schilderung der exotischen Tierwelt im Mittelbild doch zum Schmunzeln. Elefanten,

Affen und Löwen waren den meisten eben doch nur vom Hörensagen bekannt!

Wer Stuckatur als reine Dekoration kennt, muss in diesem Raum genau hinsehen. Zwischen Blattranken, Gitterfeldern und Bandgeflechten weisen naturwissenschaftliche Instrumente, Globen, Astrolabien und Fernrohre auf die Bibliothek auch als „Ort der Erkenntnis" hin. Auch Baldachine, chinesisch anmutende Schirme und Felsformationen dürfen in Bezug zu den damaligen Hausherren, den Jesuiten, gebracht werden. Als Missionare ferner Länder waren sie wesentlich für das Aufkommen der Chinamode an westlichen Fürstenhöfen verantwortlich. In die überaus zierlichen Formen gebracht hat dies alles Jakob Appiani, ein begabter Münchner Stuckateur.

Abb. 94: Buchrücken in den Regalen

Die Wandbilder am Eingang zeigen den gerade 1726 ins Amt gekommenen bayerischen Kurfürsten Karl Albrecht und seine Gemahlin Amalia Maria und damit auch die gute Verbindung der Jesuiten zum Herrscherhaus.

Was geschah nun aber mit den Bücherregalen, die 1681 für den kleinen Raum geschaffen worden waren? Sie stehen heute noch hier. Die fehlenden Teile schnitzte man 45 Jahre

Das sakrale Amberg. Kirchen und Klöster

später einfach nach, obgleich die Ornamentik der Holzarbeiten längst veraltet war. Offenbar war die einheitliche Gesamtwirkung wichtiger als eine teilweise Modernisierung. Auch die Aufstellung der Bücher im Raum ist unter dem Motto der einheitlichen Gesamtwirkung zu verstehen. Die gleichmäßig weiß gekalkten Buchrücken erwecken auch heute noch den Eindruck einer original erhaltenen Jesuitenbibliothek. Tatsächlich aber befinden sich hier in trautem Nebeneinander Bücher aus sieben in der Säkularisation aufgelösten Klosterbibliotheken (Waldsassen, Speinshart, Walderbach, Reichenbach, Weißenohe, Ensdorf und Michelfeld). Sogar sogenannte Ketzerbücher, also Schriften von Luther und Melanchthon etc. stehen jetzt im Raum der Weisheit. Entscheidend für die Aufstellung war lediglich der weiß gekalkte Buchrücken, um den Eindruck einer jesuitischen Waffenkammer wiedererstehen zu lassen.

20 Ehem. Franziskanerkirche (heute Stadttheater)

Am Schrannenplatz steht ein hochgotischer Kirchenbau. Das schmucklose Langhaus, der eingezogene Chor mit einfachen Spitzbogenfenstern ohne Maßwerk und kräftige Stre-

Abb. 95: Ehemalige Franziskanerkirche

bepfeiler sowie der fehlende Turm lassen eine Kirche des Bettelordens der Minoriten erkennen. Dem Armutsgelübde verpflichtet, betrieben sie auch in ihren Kirchenbauten keine unnötige Prachtentfaltung.

Allerdings steht „Stadttheater" über dem seitlich gelegenen Eingang. Und tatsächlich trifft diese Benennung seit über 200 Jahren zu. 1803 sollte die Franziskanerkirche ein Opfer der Säkularisation werden und war für den Abriss vorgesehen. Die Amberger Bürger erreichten die Umwandlung in eine Spielstätte und so konnte 1803 das „Nationaltheater Amberg" mit dem Stück „ Die Dienstpflicht" von August Wilhelm Iffland seinen Spielbetrieb aufnehmen. Die Pappmascheeausstattung, stuckartige Verzierungen wie Engelsfiguren, Muschel- und Rankenornamente und einen prächtigen Lüster können Sie heute noch bei Theatervorstellungen betrachten. Die zugehörigen Klostergebäude sind in einer Brauerei aufgegangen; so rahmt der ehemalige Kreuzgang den heutigen Biergarten der Gaststätte Bruckmüller.

21 Die ehemalige Salesianerinnenkirche St. Augustinus (Schulkirche)

Das schlichte Äußere verrät dem Besucher nur am Portal ein klein wenig von der überbordenden Pracht des Inneren. In die glattgeputzte Außenmauer mit den einfach eingeschnittenen Rundbogenfenstern ist ein fast verschwenderisch ausgestattetes Portal eingelassen:

Die hll. Augustinus und Franz von Sales als sitzende Steinfiguren empfangen als Hausherren den Eintretenden, denn die Kirche wurde als Klos-

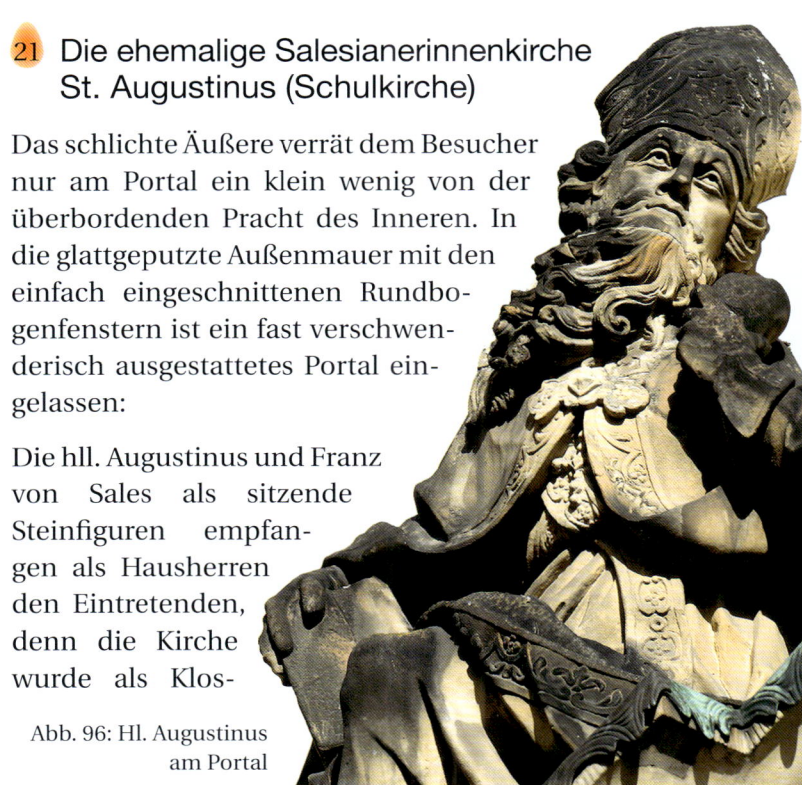

Abb. 96: Hl. Augustinus am Portal

Das sakrale Amberg. Kirchen und Klöster

terkirche des Salesianerinnenordens gebaut. Franz von Sales gilt als Gründer des Ordens, die Ordensregel, nach der die Nonnen lebten, war die des hl. Augustinus. Die reich geschnitzte hölzerne Tür schlägt in ihren Verzierungen bereits das Grundthema des Innenraumes an: die Rocaille. Und auch die kunstvolle schmiedeeiserne Füllung des Bogenfeldes bedient sich dieses Ornaments.

Rocaille
unregelmäßig geformtes, muschelartiges Dekorationselement, das auf dem C-Schwung aufbaut. Die Rocaille hat der Kunstepoche um 1750 den Namen gegeben: dem Rokoko.

Im Inneren erwartet den Betrachter ein Raum von großer Eleganz, geschmückt mit goldglänzender Stuckatur und üppiger Freskenpracht, vom Betrachter durch ein schmiedeeisernes Gitter getrennt: ein Rokokoraum von großer Geschlossenheit.

Und dennoch verbirgt sich in den Mauern eine Baugeschichte in zwei Anläufen. Der Baubeginn der Klosterkirche lag nicht in der Zeit des Rokoko, sondern bereits im Hochbarock, in den Jahren 1697–1701. In dieser Zeit versieht Wolfgang Dientzenhofer (s. S. 76) in Amberg das Amt des Kurfürstlichen Baumeisters und war daher auch zuständig für den Kirchenbau der Salesianerinnen, die auf Wunsch der Gemahlin des bayerischen Kurfürsten, Henriette Adelheid, nach Amberg kamen.

Um ihrer Pflicht, die weibliche Jugend im Lesen, Schreiben und Rechnen und vor allem im rechten Glauben zu erziehen, nachkommen zu können, wurde den Ordensschwestern der Bauplatz für Kirche und Kloster gestellt und die Einkünfte aus ihren aufgelösten Klöstern Seligenporten und Gnadenberg überlassen.

Wolfgang Dientzenhofer baut ein „klein in einem Rundell gestandenes Kirchlein", das heute noch als Altarraum und seitliche, halbkreisförmige Räume, sogenannte Konchen erkennbar ist. Aber schon nach 50 Jahren ist die Kirche zu klein

Abb. 97: Schulkirche

und wird 1758 „um ein merkliches vergrößert", wie der Amberger Chronist Wiltmaister notiert. Die vierte, westliche Konche wurde abgetragen – sie endete wohl auf der Höhe der beschwingt geschnitzten Beichtstühle – und das Langhaus angesetzt. So entstand 1758 eine Verschmelzung von einem Zentralbau mit einem west-ost-gerichteten Längsbau, eine Bauform, die das Rokoko sehr geliebt hat. Auch in den architektonischen Details folgt der Bau den Vorgaben der Zeit: Die weiße Farbe macht die Architektur leicht und dünnhäutig. Wo es möglich ist, wird die Wand aufgelöst durch Fenster, Fresken oder Stuckatur. Die abgerundeten Ecken erwecken daher eher den Eindruck einer textilen Haut als einer Mauer aus Stein.

Das sakrale Amberg. Kirchen und Klöster

Mit der baulichen Erweiterung geht auch eine komplette Neuausstattung des Inneren einher. Nur das Gitter wurde aus der ersten Kirche übernommen und durch Anstückung an den Seiten und in der Höhe passend gemacht. Die symmetrisch gearbeiteten barocken Teile unterscheiden sich von den gischtenden Rokokoformen nur bei genauem Hinsehen.

Abb. 98: Blick durchs Gitter

Meisterhaft ist die Stuckatur, wobei der Name des Meisters nicht schriftlich nachweisbar ist. Vieles spricht für Anton Landes (1712–64), den genialen Stuckateur der Alten Kapelle in Regensburg und vieler anderer Räume. Er hat bereits als Lehrling in Amberg die Georgskirche ausgeziert und auch häufig im Team mit dem Baumeister des Langbaus Paul Ufferer und dem Freskenmaler Gottfried Bernhard Götz (1708–74) gearbeitet. Die Rahmen der Wandfresken zeigen seine Meisterschaft. Es sind nämlich keine Bilderrahmen nach unserer Vorstellung! Die Stuckatur umspielt das Bild, die Bogen züngeln in Kurven entlang um in vegetabilen Formen zu enden. Der C-Schwung der Rocaille wird dabei phantasievoll immer wieder anders und neu zusammengesetzt. Neben der Aufgabe zu rahmen darf die Stuckatur aber auch vollplastisch und gegenständlich werden: In der Übergangszone von der Wand zur Decke sitzen abwechselnd Vasen und Gebilde aus Rocaillen. Was auf den ersten Blick wie eine hübsche Dekoration aus-

Abb. 99: Wandbild mit Stuckrahmen

sieht, ist wichtiger Bestandteil des Gesamtprogramms der Ausstattung. Denn in einer Kirche des 18. Jahrhunderts haftet jedem Bild, jeder Figur eine Bedeutung an: Jede Zier hat ihren festen Platz, der nicht verändert werden kann, ohne das Programm zu zerstören!

Die Vasen symbolisieren mit ihren Füllungen die vier Elemente. Schilfrohr, brennendes Herz, blühende Agave und Rauchschwaden versinnbildlichen Wasser, Feuer, Erde und Luft. Dazwischen sind die vier Jahreszeiten als blühender Busch, Getreide, Trauben und Brennholz gesetzt. Die vier Elemente und die vier Jahreszeiten sind in der Gedankenwelt des 18. Jahrhunderts das Abbild der Welt und als solches vermitteln sie an dieser Übergangszone von der Wand zur Decke den Übergang vom irdischen zum himmlischen Bereich.

Den irdischen und den himmlischen Bereich im Kirchenbau sichtbar zu machen, war vor allem die Aufgabe des Freskomalers. In der Schulkirche bekam er dazu Platz auf drei großen Deckenbildern, die im Chor und Langhaus noch von jeweils vier Zwickelfeldern begleitet werden. Dazu gesellen sich sechs

Abb. 100–103: Die Darstellung der vier Elemente: Luft, Wasser, Feuer, Erde.

Wandfelder im Langhaus und drei im Eingangsbereich. Freskiert sind auch die Medaillons über den Kerzenhaltern an den Langhauswänden. Für die gesamte Aufgabe hat der kaiserliche Hofmaler Gottfried Bernhard Götz mit zwei Gehilfen sechs Wochen im Sommer des Jahres 1758 benötigt. Auch Götz hatte, wie Anton Landes, vorher an der Alten Kapelle in Regensburg gearbeitet. Im Langhausfresko (s. Abb. 104) soll Götz darstellen, „wie der heilige Franziskus Salesius der seligen Johanna von Chantal mit noch zweien Closterfrauen die heilige Regel überreicht, wobei unten die gestürzte Welt und Fleisch zu Füssen angebracht, ... oben aber in einer Glori wird die göttliche Vorsichtigkeit mit herumbschwebenden Engeln vorgestellt, durch welche der heilige Orden ausersehen und angeordnet worden ist." So heißt es im Originalvertrag mit Götz.

Es ist also die Geschichte der Gründung der Salesianerinnen, die uns hier erzählt wird, nach oben abgeschlossen durch den Blick auf die Heilige Dreifaltigkeit (Gottvater, Sohn und Heiliger Geist). Das Deckenbild des Langhauses markiert damit den himmlischen Bereich, da auch die Or-

Das sakrale Amberg. Kirchen und Klöster

Abb. 104: Die Verleihung der Ordensregel. Detail aus dem Deckenfresko.

densgeschichte als wirkende Gnade Gottes verstanden wird. Die übrigen Malfelder entwickeln sich nach einem Programm von unten nach oben und vom Eingang zum Altar. An der Westwand des Eingangsbereiches finden wir daher Darstellungen, die dem Menschen am nächsten stehen. Die Volksheiligen Walpurga, Florian und Nikolaus von Tolentino versprachen dem Gläubigen Trost bei Augenleiden, Feuer und Schlaganfall. Im Hauptraum der Kirche, der auch der Bevölkerung damals nicht zugänglich war, verkörpern die duftig gemalten Apostelköpfe die irdischen Nachfolger Christi. Die darüber liegende Ebene der Wandbilder stellt Heilige als Vermittler zur göttlichen Macht dar. Ebenso wird in den beiden Feldern, die dem Altarraum am nächsten sind, durch die Herz-Jesu-Darstellung und die Figur der Maria Immaculata auf die Göttlichkeit Jesu, den Gott zu den Menschen gesandt hat, verwiesen. Eingebettet in die stuckierten Symbole der Elemente und der Jahreszeiten agieren in den Zwickeln der Decke die vier Kirchenväter als Lehrer und im Chorraum die vier Evangelisten als Vermittler der göttlichen Lehre. In den Deckenbildern erreicht die Malerei auch inhaltlich die höchste Ebene. Über der Musikempore sind die drei göttlichen Tugenden Glaube, Liebe, Hoffnung zu sehen, das Langhaus ziert die Ordensgeschichte als Zeichen des Wirkens Gottes auf Erden, wobei der geöffnete Himmel in der Mitte den Blick in die göttliche Sphäre gestattet, die dann mit der Darstellung der Heiligen Dreifaltigkeit als alleinigem Thema im Altarraum ihren würdigsten Abschluss findet.

Insgesamt wird der Begriff des Gesamtkunstwerks in der Schulkirche umgesetzt.

Gesamtkunstwerk
Dabei verbinden sich Architektur, Malerei und Plastik, wozu auch die Stuckatur gehört, so miteinander, dass keine Gattung ohne Verlust der Wirkung des Gesamten herausgelöst werden kann.

Eine solche Verknüpfung ist am östlichen Ende des Deckenbildes im Langhaus zu sehen (s. Abb. 104). Die gemalte Figur im roten Mantel, das Laster, das hinab gestürzt wird, reicht mit einem Bein über den Rahmen des Freskos hinaus, wobei das Bein außerhalb des Bildfeldes als Stuckatur, also vollplastisch ausgeführt ist. Auch die Kreuzigungsgruppe gegenüber der Kanzel ist stuckiert und erscheint durch die farbige Fassung wie ein dreidimensionales Bild. Schließlich wird auch das Altarbild inhaltlich mit dem Deckenfresko des Altarraumes verbunden: Der heilige Augustinus bringt sein brennendes Herz der Kirche dar und verweist mit seiner Handbewegung auf die Heilige Dreifaltigkeit an der Decke.

Illusionismus und großes Theater bestimmen also den Kirchenraum der Klosterkirche in hohem Maße. Am eindrücklichsten wird uns dies an den „Fenstern" rechts und links des Altares vorgeführt. Sie sind mit Spiegelscheiben belegt, die 1760 für 400 Gulden bestellt wurden. Welch ein Luxus! Zum Vergleich: 1500 Gulden bekam der Kaiserliche Hofmaler Götz für seine Arbeit und die seiner Gehilfen, für Reisekosten, Verpflegung und Entwürfe! Spiegel fanden im 18. Jahrhundert normalerweise im höfischen Bereich und in der Gartenkunst Verwendung. In der Schulkirche wurden sie bewusst eingesetzt, um das einfallende Licht zu reflektieren, den Raum noch heller – überirdischer – erscheinen zu lassen und ihn für den Betrachter am Gitter irrational wirken zu lassen. Denn tatsächlich können Sie im linken Spiegel im unteren Drittel die Orgel sehen, die sich real aber über Ihren Köpfen in einer schwungvoll gestalteten Muschelschale befindet.

Abb. 105: Engelsköpfchen aus dem Gitter

Sind auch Sie im 21. Jahrhundert der Faszination dieser Komposition, die den geöffneten Himmel scheinbar real erscheinen lässt, erlegen? Wenn ja, haben es die Künstler des 18. Jahrhunderts nachhaltig geschafft, eine Einheit aus gebautem Raum, duftigen Fresken und züngelnden Stuckaturen zu einem Kunstwerk zu verschmelzen.

Maria-Hilf Kirche

TIPP Der Maria-Hilf Berg lässt sich natürlich am schnellsten mit dem Auto erreichen, aber auch **drei erhaltene Fußwege** aus früherer Zeit führen auf den Berg:
- Kreuzwegstationen begleiten Sie auf dem Stationsweg nach oben
- Die kürzeste, aber auch steilste Verbindung bietet Ihnen der Stufenweg
- Dem Bogen der Lindenallee folgend, treffen Sie auf die Bergauffahrt

Die Bitte „Maria Hilf" war wohl im Jahre 1633 das einzige Mittel, von dem sich die Bürger von Amberg Heilung gegen die Pest erhofften. Wie aus dieser Bitte ein Gebäudeensemble mit Kirche, Kloster und Wirtshaus entstand, schildern die Fresken von Cosmas Damian Asam an der Decke der bestehenden Kirche.

Abb. 106: Fassade der Maria-Hilf Kirche und Klostergebäude

Das sakrale Amberg. Kirchen und Klöster

Cosmas Damian Asam

Sein Name ist verbunden mit spektakulären Bauinszenierungen, wie der Klosterkirche in Weltenburg oder der Asamkirche in München. Grandiose Werke der Freskomalerei hat er von Aldersbach bis Zwiefalten hinterlassen. Sie alle zeigen einen hochbarocken Künstler, dessen Bilderfindungen die Heiligenlegenden und geöffneten Himmelszonen dem Betrachter fast real vor Augen führen. Geboren wurde er 1686 in Bendiktbeuern. Zusammen mit seinem Vater führt er im Jahre 1711 Malaufträge in und um Sulzbach aus. Nach dessen Tod ist Asam in Rom nachweisbar, wo er an der Akademie den Zeichenwettbewerb gewinnt. 1714 kommt er aus Italien zurück. In der Oberpfalz finden wir sein gesamtes Frühwerk: Klosterkirche in Ensdorf (1714–16), Klosterkirche in Michelfeld (1716–1718) und die Wallfahrtskirche Maria-Hilf in Amberg (1716–1718). Die weiteren Kirchenausmalungen des Frühwerkes in Regensburg, St. Paul, Kapuzinerkloster und Augustinerkirche und München, Dreifaltigkeitskirche sind zerstört.

Bevor Sie sich die spannenden Begebenheiten der Bergwallfahrt von dem großen barocken Geschichtenmaler Asam erzählen lassen, werfen wir einen Blick auf die hoch aufragende Fassade der Kirche. Die Lage auf der Kuppe des Hügels wird mit der großen Freitreppe noch betont: Gleich einer goldenen Krone ist die Fassade aus warmtonigem gelben Sandstein weithin zu sehen. Die Gliederung erfolgt durch Pilaster, die zur Mitte hin an Tiefe gewinnen. Die gesamte Ausgestaltung wird zur Mitte und damit zum Hauptportal hin kleinteiliger und reichhaltiger. Nach oben findet die Fassade ihren Abschluss in einem Dreiecksgiebel über den mittleren drei Achsen, der an die fünfachsige Fassade mit Voluten angeschlossen wird. Dieses Prinzip der Steigerung der Mittel zur Mitte hin und dem charakteristischen oberen Abschluss

Maria-Hilf Kirche

ist kein Einzelfall. In Amberg selbst ist solch eine Gestaltung am Westtrakt des Salesianerinnenklosters und an der Fassade der Paulanerkirche zu finden (s. Abb. 76). Es wundert daher nicht, immer den gleichen Baumeister am Werk zu sehen: Hofbaumeister Wolfgang Dientzenhofer (s. S. 76). Vergleichbare Architekturen hat Leonhard Dientzenhofer in Bamberg in der Karmelitenkirche und in St. Michael geschaffen, sodass wir zurecht von einer Dientzenhoferfassade sprechen können.

Im Inneren ist es der Altar, der den Blick durch seinen Gold- und Silberglanz auf sich zieht. Im Zentrum das Gnadenbild, das in der Pestzeit gestiftet worden war und im 18. Jahrhundert immer größere Auszierung erfahren hat. Goldborten und Steine wurden in das Bild selbst eingefügt, es wird verschwenderisch mit Gold und Silber gerahmt und in das hochbarocke Altarretabel gesetzt. Vielleicht glaubt der ein oder andere Besucher, das Bild zu kennen, an anderer Stelle schon einmal gesehen zu haben.

Das Gnadenbild Maria Hilf

Das Gnadenbild ist die Kopie eines berühmten Gemäldes: Lucas Cranach hat es um 1500 für die Kreuzkirche in Dresden gemalt. Über Passau kam das Gemälde nach Tirol, wo es heute in der Kirche St. Jakob in Innsbruck hängt. Die versonnen ins Weite blickende Madonna, deren melancholischer Blick schon auf die Passion Jesu verweist, steht im Gegensatz zu dem Kind, das sein Beinchen frech über den Unterarm der Mutter wirft und die Mutter liebevoll streichelt. Die „Madonna der Rührung" (Eleusa), wie der Ikonentypus auch genannt wird, hat bereits in der Entstehungszeit die Menschen angerührt und zu vielfachen Kopien geführt. Etwa 500 Mal ist das Bild daher in Mittel- und Südeuropa als Verehrungsstätte zu finden.

Das sakrale Amberg. Kirchen und Klöster

Abb. 107: Das Gnadenbild

Maria-Hilf Kirche

Unsere Amberger „Maria-Hilf" ist in eine barocke Wandpfeilerkirche eingestellt, die sich durch ihre harmonischen Proportionen von vielen anderen Werken in der Umgebung abhebt: Die große Breite des Raumes, die lagernden Arkadenbogen, sowie die gut proportionierte Emporenzone und die gleichmäßige Halbkreistonne ergeben einen überaus ruhig fließenden Gesamteindruck.

Abb. 108: Innenraum der Maria-Hilf Kirche

Das sakrale Amberg. Kirchen und Klöster

Erstaunlich ist auch eine Bauzeit von nur drei Jahren. Dies ist dem direkt hinter der Kirche liegenden Steinbruch (heute noch zu erahnen) zu verdanken. 1700 begonnen, sehen wir 1703 bereits den Stuckatorentrupp von Giovanni Battista Carlone und Paolo d'Aglio am Werk. Diese Meister aus dem Intelvital im oberitalienischen Seengebiet arbeiten in typischer Manier mit schwerem Modelstuck. Echte Früchte dienen dabei als Vorbild für die gegossenen Stuckfrüchte, die mittels Drahtarmierungen an der Decke befestigt werden. Auch die vielen eingearbeiteten Putti sind ein Markenzeichen der italienischen Stuckateure. Ebenso die überlebensgroßen Stuckfiguren an den Pfeilerstirnen, die die Abstammung Christi, beginnend mit König David und König Salomo am Chorbogen, darstellen. Im Herbst des Jahres 1703 steht der Bau und er ist fast fertig stuckiert; und so bleibt er auch bis 1717.

Warum geht nichts voran? Der Hauptorganisator, der bayerische Kurfürst Max Emanuel muss aufgrund des Spanischen Erbfolgekrieges das Land verlassen. Erst 1716, zwei Jahre nach seiner Rückkehr aus dem Exil unterzeichnet er den Vertrag mit Cosmas Damian Asam zur

Abb. 109: Stuckaturen von Carlone, 1703

Maria-Hilf Kirche

Abb. 110: Deckenfresken im Chor

Ausmalung der Kirche. Zu dieser Zeit ist Cosmas Damian zwar ein angesehener, aber noch junger Freskomaler, was sich in dem Lohn von 800 Gulden niederschlägt. Eine Summe, für die Asam später nicht mehr gearbeitet hätte. (Zum Vergleich: Benediktinerklosterkirche Weingarten 1718–20: 6 000 Gulden!) Nach dem Winter beginnt Asam am 30. Juni 1717 seine Arbeit an den 36 einzelnen Bildfeldern, die er nur sechs Wochen später abschließt. Das genaue Bildprogramm ist ihm vorgegeben. Passend zum Patrozinium der Kirche hat Asam das Marienleben in den sechs Deckenfeldern der Kapellen darzustellen. An der höchsten Stelle aber, in den großen Mittelbildern, soll die Geschichte der Wallfahrt erzählt werden, während die kleineren Malfelder die Mittelbilder theologisch und biblisch ausdeuten.

Im Chor beginnt die theatralische Vorstellung: Pestzeit in Amberg! Das Rathaus und der Turm der Martinskirche bringen Lokalkolorit in das große Bild an der Decke des Chores. Davor Leichen, aber auch Trauernde und Sterbende, die sich ein letztes Mal aufrichten, um die Hostie vom Priester zu erhalten. Was noch auf dem Bild zu sehen ist, macht die be-

Das sakrale Amberg. Kirchen und Klöster

sondere Kunst Asams aus: Über dem roten Baldachin des Priesters und damit über der realen Welt spielt eine zweite Bildebene. Maria und der Pestengel. Die barocke Bildwelt lässt Maria das Schwert des Pestengels nach unten drücken und so die Pest beenden. Maria Hilf! Die acht kleinen begleitenden Bildfelder nehmen den Gedanken der Hilfe und Errettung auf und zeigen Beispiele aus der Bibel (Arche Noah und Regenbogen) und der Lauretanischen Litanei, in der Maria Medikament des Lebens, Brücke über bewegtem Wasser oder Baum des Lebens genannt wird.

Vier weitere große Bilder im Deckenscheitel des Langhauses führen uns den Fortgang der Ereignisse vor Augen: Die gequälte Bevölkerung gelobt eine Marienverehrungsstätte zu errichten, wenn die Pest zum Stillstand käme. Bereits im Jahr darauf ziehen die verbliebenen Amberger in feierlichem Zug auf den Berg und bringen ein Marienbildnis hinauf, das von dem Rektor des Amberger Jesuitenkollegs gestiftet worden war – eben unser Gnadenbild. Dort oben auf dem Hügel gab es keinerlei intakte Gebäude. Der Bergfried einer verlassenen Burgruine wird als provisorische Unterbringung des Gnadenbildes genutzt.

Chronogramm

Die Bildunterschrift „VIRGO VENIT FUGIUNT MORBI PESTESQUE RECEDUNT" (Die Jungfrau kommt und Krankheit und Pest fliehen) erklärt das Geschehen und enthält zugleich eine Jahreszahl; eine beliebte Spielerei in der Barockzeit. Sie können die rot hervorgehobenen Buchstaben des Spruchs, die gleichzeitig auch römische Zahlen sind, der Reihe nach zusammenzählen und erhalten so die Zahl 1634, das Jahr, in dem die Wallfahrt begann.

Im folgenden Mittelbild entfaltet Asam eine Szenerie von großer Dramatik: Es brennt! 1646, verrät das Chrono-

Abb. 111: Deckenfresko im Langhaus

gramm. Muskulöse Gestalten, die nicht nur scheinbar aus römischen Deckengemälden entsprungen sind, bemühen sich, den Brand zu löschen. Verzweifelte Frauen und Kinder scheinen aus dem Bild zu laufen. Gestik und Mimik hat Asam aus Rom mitgebracht, wo er sich 1713 aufhielt. So schildert er zwar den Brand der inzwischen an den Bergfried angebauten Kapelle, seine Modelle sind aber keine Oberpfälzer, sondern Figuren aus dem Deckenfresko der Villa Barberini in Rom, gemalt von Pietro da Cortona. Dass der Brand zwar die Kapelle total zerstört, das Gnadenbild, das übrigens in jedem Fresko erscheint, aber unversehrt lässt, beflügelt die Wallfahrt und so kann eine neue Kirche gebaut werden, deren Altarweihe im nächsten großen Deckenbild dargestellt ist. Dass es dieselbe Kirche ist, in der Sie jetzt stehen, ist gut zu sehen.

Das letzte Bild ist für den Hinausgehenden um 180° gedreht und zeigt die florierende Wallfahrt, die Pilger aus aller Welt anlockt. Der Turm fehlt im Fresko noch, er wurde erst einige Jahre später errichtet. Dafür sitzt die Madonna aus dem Gnadenbild über dem Dach und gewährt Schutz.

Das sakrale Amberg. Kirchen und Klöster

Abb. 112: Bavaria

Schutz gewährend und Sorge tragend versteht sich auch die wohlgenährte Dame im linken seitlichen Bildfeld: Bavaria personifiziert das Kurfürstentum Bayern. Dagegen wirkt die zierliche, fast ein wenig magere Palatina, die Personifikation der Pfalz, auf der anderen Seite wenig eigenständig. Hier wird Politik an der Decke gemacht, denn die Oberpfalz wurde nach 1621 Bayern einverleibt. Seither schmückt sich der bayerische Herzog nicht nur mit dem Kurfürstentitel, sondern auch mit dem Gebiet der Oberpfalz. Der Anspruch der mütterlichen Bavaria auf die schutzbedürftige Pfalz erfährt hier an der Decke eine bildlich überzeugende Ausdeutung.

Zum kunsthistorischen Schwergewicht wird die Bergkirche durch die Deckenmalerei, die 14-jährige Bauunterbrechung und natürlich den Freskomaler:
- Politik an der Decke, Wallfahrtsgeschichte an der Decke, das sind neue Themen für den würdevollsten Platz, den eine Kirche in der Barockzeit bieten kann. Bis zum Beginn des 18. Jahrhunderts war dieser Platz ausschließlich

Abb. 113: Palatina

den Heiligen, der Gottesmutter und der Heiligen Dreifaltigkeit vorbehalten. In Amberg findet erstmals profane Geschichte den Weg an die Decke. Sicherlich ist die Geschichte einer Wallfahrt ein Sonderfall und auch als Wirken Gottes zu interpretieren.
- Die Bauunterbrechung 1703 bis 1717 mag zwar kurz erscheinen, jedoch in der Entwicklung der Stuckatur und der Malfelder geschehen ausgerechnet in diesen Jahren große Veränderungen. So wird der Modelstuck abgelöst vom freien Antragsstuck, der elegant und feinlinig die Wände überspinnt. Zu sehen ist ein Stuckfeld in der neuen Art an der Orgelbrüstung (s. Abb. 114). Die zarten Blätterranken wurden 1717 von eben diesem Paolo d'Aglio gefertigt, der wenige Jahre vorher die schweren Stuckgirlanden anbrachte (s. Abb. 109).
- Problematisch war 1717 auch die vorhandene Stuckatur der Decke. Eine Einteilung in viele kleine Malfelder war nicht mehr „up to date". Hätte Asam die Decke im neuen

Abb. 114: Stuck der Emporenbrüstung von 1717

Geschmack bemalen dürfen, hätte er wohl nur ein großes Malfeld im Langhaus und eines im Chor gehabt. Auch von daher ist die Wahl Cosmas Damian Asams zu verstehen, der zwar schon ein angesehener, aber auch noch junger Künstler ohne Allüren war.

TIPP Schauen Sie auch hinter die Kirche! Neben einem stillen kleinen Friedhof für die Franziskanerpatres, die auch heute noch die Bergwallfahrt betreuen, kommen Sie an den aufgelassenen Steinbrüchen vorbei und treffen auf eine **barocke Kreuzigungsgruppe** (s. Abb. 115) von höchstem Pathos.

Maria-Hilf Kirche

Abb. 115: Trauernde Maria von Franz Joachim Schlott, 1726

Das bürgerliche Amberg.

Abb. 116: Georgenstraße 33

Straßen und Plätze

Das bürgerliche Amberg. Straßen und Plätze

Leben und Wohnen der Bürger im Ei

Durchgängige Straßennamen gab es in Amberg bis zum Jahr 1925 nicht, vielmehr waren die Quartiere der Stadt nach Buchstaben benannt, wobei den vier Stadtvierteln die Buchstaben A bis D zugeordnet waren, Ordnung gaben Zahlen für die einzelnen Häuser. Das Rathaus stand also nicht am Marktplatz 11, sondern war lange Zeit als D 45–49 bezeichnet. Obgleich die Straßennamen erst aus der Neuzeit stammen, geben sie häufig Aufschluss über die Tätigkeiten ihrer früheren Bewohner oder die Nutzung von Plätzen in alter Zeit.

Heute noch ablesbar ist das soziale Gefüge der früheren Bevölkerung Ambergs an den höchsten und breitesten Häusern und Palais am und um den Marktplatz bis hin zu den eingeschossigen kleinen Handwerkerhäusern in den Randlagen wie in der Badgasse oder der Neustift. Man kann sich die Bevölkerung Ambergs im ausgehenden Mittelalter und der beginnenden Neuzeit anhand der erhaltenen Häuser noch gut vorstellen:

- einige wenige Adelige (s. Abb. 120 und 29);

Abb. 117: Handwerkerhäuser in der Badgasse

- die wohlhabende, einflussreiche Oberschicht der Patrizierfamilien (s. Abb. 118);
- Handwerker, deren breitgefächertes Angebot ein gutes Auskommen bot (s. Abb. 117 und 123);
- die schillerndste Schicht, Tagelöhner, Mägde und Knechte, Arme und „Unehrliche", war wohl am ehesten in Stadtmauernähe zu finden, oft in Behausungen, die die Zeiten nicht überdauert haben. So soll der Henker, einer der Unehrlichen, in der Batteriegasse (s. Abb. 12) gewohnt haben, die armen Witwen konnten im Seelhaus (Lange Gasse 34) durch das Waschen von Leichen ihren Lebensunterhalt verdienen;
- die Ordens- und Stadtgeistlichen;
- seit der Barockzeit auch Soldaten (s. Abb. 122).

Rundgang durch das bürgerliche Amberg

Zentrum des bürgerlichen Ambergs war und ist der [23] **Marktplatz**: Umschlagplatz für Neuigkeiten, Beginn und Ende der großen Prozessionen, Schauplatz von Märkten, Messen, Dulten und glanzvollen Festen.

Abb. 118: Patrizierhäuser am Marktplatz

Das bürgerliche Amberg. Straßen und Plätze

Abb. 119: Marktplatz mit Rathauskomplex

Hochzeitsbrunnen

An ein ausschweifendes Fest erinnert heute der im Jahr 2000 gestaltete Hochzeitsbrunnen vor dem Rathaus. Kurprinz Philipp und seine junge Braut Margarete von Landshut feierten 1474 hier ihre Hochzeit, die wohl alle 3 000 Amberger auf die Beine brachte, um die 5 000 Gäste über vier Tage zu bewirten. Die ungeheure Menge von 11 000 Hühnern, 1 000 Kälbern, 400 Säuen und 50 Ochsen wurde mit 100 000 Litern Wein hinabgespült!

TIPP Mehr zur **Amberger Hochzeit** erfahren Sie im Stadtmuseum. Dort empfängt Sie das Brautpaar noch einmal in Lebensgröße.

Das [23] **Rathaus** wollte und sollte dem Schlossbau Paroli bieten! Ambergs Bürgerschaft war durch den Erzbergbau (Erz war waffenfähiges Material) reich geworden und scheute sich nicht, die-

Marktplatz mit Rathaus

sen Reichtum zu demonstrieren. Der Rathausbau, im 14. Jahrhundert begonnen, legt davon sowohl in seiner äußeren Erscheinung als auch in seiner inneren Ausstattung beredtes Zeugnis ab. Da die Rathaussäle öffentlich nicht zugänglich sind, muss hier ein Hinweis auf die prachtvollen Holzvertäfelungen aus der Renaissancezeit im kleinen Rathaussaal sowie die mächtige Kassettendecke im großen Saal genügen. Aber auch im Außenbau ist der Hauptraum mit den abwechslungsreich gestalteten Spitzbogenfenstern im ersten Obergeschoss erkennbar. Der Giebelseite vorgelagert ist eine Altane, deren Brüstungsfelder die gotischen Maßwerkornamente der Fenster aufnehmen, eine Arbeit von 1920 (!), die das Werk aus dem 16. Jahrhundert ersetzte. Besonders kunstvoll wirkt der gewendelte Aufgang von 1880 an der linken Seite. Manch ein gotisch anmutendes Detail wurde eben erst im 19. Jahrhundert oder sogar noch später angebracht, als man die gotische Baukunst wieder zu schätzen begann (s. S. 59). So ließ sich der Apotheker, der die hübsche Monduhr 1920 stiftete, im gleichen Jahr wie eine mittelalterliche Sandsteinfigur am Ansatz des Giebels links darstellen.

Bestandteil des Rathauses war auch das am Platz gegenüberstehende Gebäude, die frühere **Ratsherrentrinkstube**. Aus dem warmtonigen Sandstein, der am Maria-Hilf Berg gebrochen wurde, entstand ab 1728 ein Gebäude, das heute trotz der Modernisierung zu den schönsten Hausfassaden Ambergs zählt. Die Figuren in den Muschelnischen stellen durch ihre Attribute dabei unverändert die vier Elemente dar (von links nach rechts): die Luft mit dem Adler, das Feuer mit dem Drachen, die Erde mit dem Löwen und das Wasser mit einem Fisch.

Im Norden wird der Platz von einer abwechslungsreichen **Reihe großer Bürgerhäuser** (s. Abb. 118) begrenzt. Die Montanunternehmer des ausgehenden Mittelalters, Familien, denen die Erzgruben gehörten, hatten hier ihre Wohnsitze, wie bei Nr. 9 das Wappen der Kastner, einer wohlhabenden Familie des 15. und 16. Jahrhunderts, zeigt. Die ehemals offene Loggia im Obergeschoss wurde schon bald vermauert. Eine längere Kälteperiode im 16. Jahrhundert hatte auch im

Das bürgerliche Amberg. Straßen und Plätze

benachbarten Regensburg zu solchen Maßnahmen geführt. Den Süden des Platzes schließt der mächtige Baukörper der Martinskirche (s. Abb. 46), ein Unternehmen, das die finanzkräftigen Bürger von Amberg alleine stemmten.

Der Weg führt nun rechts am Rathaus vorbei Richtung Bahnhof entlang der Südseite des Rathauses, deren Arkaden ähnlich der mittelalterlichen Gepflogenheit Ladeneinbauten haben. Erst jetzt erschließt sich die imposante Länge des Rathauskomplexes, der hier aus verschiedenen Bauabschnitten besteht. Der Erker markiert das Ende des großen Rathaussaales mit den aufwändigen Maßwerkfenstern im 1. Obergeschoss. Am Ende des Rathauses erreichen wir den 24 **Hallplatz**. Davon, dass er – inzwischen nur noch Durchgangsstraße – ein veritabler Platz gewesen ist, zeugt heute in erster Linie das Straßenschild. Früher handelte man hier mit Holz, den Namen Hallplatz trug aber das um 1800 errichtete Hallamt, das Mauthaus, bei (heute Sitz der Tourist-Information). Allein durch die Größe bestimmt allerdings das 32 Fensterstöcke umfassende 24 **Palais in der Nordostecke** den Platz, während die Gestaltung des Eingangstores mit dem „Würdemotiv" der Säule das Gebäude als herrschaftlich ausweist. Der kurfürstliche Vizestatthalter mit dem klingenden Namen Joseph Klement Topor von Morawitzky ließ es errichten. Passenderweise beginnt hier die **Herrenstraße**, in

Abb. 120: Morawitzky-Palais

der weitere bemerkenswerte herrschaftliche Anwesen stehen. Aus Platzgründen weist der Hallplatz keinen zentralen Punkt auf, Sie finden aber im Innenhof des Palais einen 1990 von Günter Mauermann gestalteten Brunnen, der an die Einführung der Kartoffel durch Pfarrer Dr. Heinrich Werner 1742 erinnert. Lohnenswert ist ein Abstecher in die **Bahnhofstraße 10–12**, dem früheren Palais Armknecht, das in späteren Jahren die kurfürstliche Münze beherbergte. Die Gestaltung der rückwärtigen Flügel mit Arkaden und einer Hauskapelle ist überaus prachtvoll.

Wieder in der Herrenstraße, gehen wir auf die linke Straßenseite. Die nun in den Blick fallenden barocken **Prachtfassaden der** [25] **Herrnstraße 10 und 12** scheinen einen regelrechten Wettstreit um die glanzvollere Erscheinung zu führen, wogegen sich das [25] **spätgotische Wohnhaus Nr. 16** mit einer schlichten Vorderfront und einer aufwändigen Dachgaube auszeichnet.

Abb. 121: Zum Träumen verführt der Innenhof der Herrnstraße 16 und die Tatsache, dass das Gebäude auf einer Pfahlgründung errichtet wurde.

Auch das Gebäude [25] **Herrnstraße 18** verdient Beachtung: Macht es doch durch sein Sandsteinrelief auf eine große Tradition Ambergs aufmerksam, die im 18. Jahrhundert begann.

Das bürgerliche Amberg. Straßen und Plätze

Abb. 122: Herrnstraße 18

Die dekorativ angeordneten Rüstungsteile auf dem Relief verweisen auf die frühere Nutzung des Anwesens als Infanteriekaserne. Kasernen und Soldaten prägten Amberg über lange Zeit; eine Tradition, die erst in unseren Tagen erlosch. Die Straßennamen der Umgebung lassen das Umfeld erstehen: Die um die Ecke liegende Kasernstraße war Sitz der ersten innerstädtischen Kaserne 1716, das Kommandantengäßchen braucht keine Erklärung, „An der Schwemm" bezeichnet die Stelle an der Vils, an der die Militärpferde getränkt wurden und auf dem 26 **Paradeplatz**, am Ende der Herrnstraße, den wir nun betreten, lernten die Infanteristen des 10. Regiments der bayerischen Armee das Exerzieren. Der so vollmundig genannte Paradeplatz war eigentlich gar kein Platz, sondern wurde in früherer Zeit immer nur als die „praitten Gassen bey dem Ziegeltor" bezeichnet. Die kleinen, gut proportionierten Bürgerhäuser begleiten zu beiden Seiten den hübschen, rechteckigen Platz und lassen gut verstehen, dass dem Militär der Raum zum Üben nicht genügte; ab 1804 wurde vor der Stadt geübt. Dem **Haus Nr. 15** sieht man seine frühere Bestimmung nicht mehr an: Gutbürgerlich wird das Portal mit Pilastern und gesprengtem Segmentgiebel von der in Amberg an vielen Häusern üblichen Nische mit der Madonna betont. An die gutgehende Produktionsstätte von Schnupftabakdosen, die in dem Haus untergebracht war, erinnert heute nichts mehr. Im Jahre 1800 wurden hier 24 000 Dosen von zehn Beschäftigten gefertigt! Das Ende des Platzes beherrscht die abweisende Front der Fronfeste, deren Nordseite bereits die Stadtmauer bildet.

Der höchstens mannsbreite Weg zwischen zwei Häusern am südlichen Ende des Platzes lockt mit dem ungewöhnlichen Namen "Walfischgasse". Der Sinn wird am Ende des Durchlasses in der **Löffelgasse 2** deutlich: Walfische – oder zumindest das, was ein hiesiger Künstler im 17. Jahrhundert unter einem großen Fisch verstand – stützen die weit über die Fassade ragende Traufe mit dem darüber liegenden Dach. Wer

Abb. 123: Paradeplatz Nr. 15

Abb. 124: Nixe am Walfischhaus, Löffelgasse 2

Das bürgerliche Amberg. Straßen und Plätze

genau hinsieht, bemerkt die Beine, die dem linken Wal aus dem Maul ragen, während auf der anderen Seite Kopf und Arme schwungvoll herauskommen. Jona ist es, der Prophet aus dem Alten Testament, der vom großen Fisch verschluckt und nach drei Tagen in seinem Bauch wieder ausgespien wurde. Dieses Bild galt als alttestamentliches Vorbild für die drei Tage, die Christus im Grab lag. Nachzulesen ist die Geschichte nicht nur im Alten Testament in Jona 1–2, sondern auch auf den Tafeln der Nixe und des Nöcks rechts und links am Haus. Auch in Gliederung und Farbe ist das Haus bemerkenswert. Ein Schwarzfärber ließ es errichten, daher erhielt das Gebäude den großen Dachvorsprung, in dem die Tuche zum Trocknen aufgehängt wurden und den speziellen, aus Ruß und Wachs bestehenden Anstrich. Dass die aufwendige Gliederung – mit Putzfeldern unter den Fenstern und Pilastern dazwischen – für einen einfachen Handwerker erlaubt war, hatte der Bauherr seiner Zugehörigkeit zum inneren Rat der Stadt zu verdanken.

Nach wenigen Metern in der links abzweigenden [28] **Lederergasse** haben wir mit **Nr. 7** eines der ältesten, aus Stein gebauten Häuser Ambergs vor uns. Sichtbar wird dies hinter den Rokokotorflügeln. Die mächtige Balkendecke befindet sich seit 1255 an dieser Stelle! Dieses und auch das **nebenstehende Haus Nr. 5** waren ehemalige Färber- bzw. Gerberanwesen, was an der großen Trocknungsaltane des Eckhauses noch gut zu sehen ist. Das für beide Handwerke notwendige Wasser finden Sie, nachdem Sie den kleinen Bogen im „Mühlhof" passiert haben. Der Steg, den wir nun betreten, gewährt einen guten Blick auf die Westseite der Martinskirche, die direkt am Wasser der Vils steht, sowie auf die vorliegende Krambrücke, die um 1900 noch, wie die Ponte Vecchio in Florenz, mit Läden besetzt war.

Bis zur nächsten Brücke gehen Sie nun rechts am „Frauenschanzl" die Vils entlang, direkt am ehemaligen Salesianerinnenkloster vorbei, biegen dann links in die Franziskanergasse ein und erreichen an deren Ende einen weitläufigen Platz. [29] „**Schrannenplatz**" ist die Bezeichnung des 19. Jahrhun-

Lederergasse – Schrannenplatz

Abb. 125: Stadttheater, ehem. Franziskanerkirche am Schrannenplatz

derts für den großen Platz, an dem gleich zwei Klöster lagen: die der Franziskaner und der Salesianerinnen. Daher war der Name „Klosterplan" (Plan = Wiese), der bis zur Säkularisation geführt wurde, sicherlich zutreffend. Nachfolgend befand sich hier der Getreidemarkt (Schranne), der dann auch für die heute noch übliche Benennung sorgte. Die abgehenden Straßennamen „Seminargasse" und „Deutsche Schulgasse" können als Wegweiser aufgefasst werden: Da geht es zum Seminar, dem Gymnasium der Jesuiten, dort zur Schule der Salesianerinnen für Mädchen, in der nur Deutsch gelehrt wurde.

Abb. 126: Schweinchenbrunnen am Viehmarkt

Das bürgerliche Amberg. Straßen und Plätze

Auf dem Weg zur Seminargasse, am Stadttheater entlang, erreichen Sie am westlichen Ende des Schrannenplatzes den ³⁰ **Viehmarkt.** Die von vielen Streicheleinheiten verwöhnten Schweinchen des Brunnens verweisen nicht nur auf den früher hier abgehaltenen Viehmarkt, sondern auch auf die „Böhmische Saustraße", auf deren Route Amberg lag. Wegen des hohen Fleischbedarfs der Nürnberger Bevölkerung im späten Mittelalter trieb man Schweine von Böhmen bis zur Schlachtung in die große fränkische Metropole.

Abb. 127: Giebelreihe am Roßmarkt

Wir gehen nun die Viehmarktgasse entlang und biegen links in die Georgenstraße, wo uns rechts, nach wenigen Schritten, der nächste ehemalige Handelsplatz, der ³¹ **Roßmarkt** erwartet. Hier finden Sie auf der rechten Seite eine Reihe sorgfältig restaurierter Bürgerhäuser. Lebhaft mit Stuckdekor des ausgehenden 18. Jahrhunderts dekoriert zeigt sich das Eckhaus am Anfang, **Georgenstr. 33** (s. Abb. 116). Es ergeben sich drei faszinierende Ansichten: Die Giebelseite präsentiert neben der bewegten Kontur des Schweifgiebels die Jahreszahl 1772 inmitten der üppigen Ornamente. Der über Eck gestellte Erker wirkt durch die gerundeten und bauchigen Linien und die geschwungen profilierten Gesimse. Die

Viehmarkt – Roßmarkt – Schiffbrückgasse

Fassade zum Roßmarkt überrascht mit Figurennischen und hier besonders mit einem bekleideten Sebastian. Die um 1900 herrschenden strengen Ansichten haben wohl zur Ummantelung des sonst immer nackt dargestellten Heiligen geführt. Die anschließende Giebelreihe ergibt ein reizvolles Ensemble, in dem sich spätgotische mit barocken Fensterformen verbinden.

Abb. 128: Georgenstraße 33

Im Verlauf des Roßmarktes werfen Sie einen Blick in die rechts abzweigende **Badgasse** (s. Abb. 117), die in ihrer Gesamtanlage die niedrige, kleinbürgerliche Bebauung des 17. Jahrhunderts beibehalten hat. Welch ein Unterschied zu den Häusern der Herrenstraße, die durch Geschossigkeit und Breite den vornehmen Stand der Bewohner ausdrückte! Biegen Sie nun links zur Frauenkirche ab. Durch die schmale, geschwungene Kanzleigasse rechts erreichen Sie die Regierungstraße mit den Ämtergebäuden aus Renaissance, Barock und Rokoko (s. S. 44) und gehen geradeaus weiter in die ㉜ **Schiffbrückgasse**. Bei den beiden Häusern linker Hand (**Nr. 1 und 3**) fallen die kräftig ausgebildeten Fachwerkobergeschosse auf, die im Stadtbild nicht häufig zu sehen sind. Als ehemaliges kurfürstliches Beamten-

Abb. 129: Schiffbrückgasse 1 und 3

Das bürgerliche Amberg. Straßen und Plätze

wohnhaus 1599 errichtet, macht Nr. 3 die unmittelbare Nähe zur Regierungskanzlei (s. Abb. 39) deutlich. Sogar das Quadermauerwerk dieses offiziellen Amtsbaus wurde am Wohnhaus des Beamten mit einfachen Mitteln imitiert.

Abb. 130: Alte Lateinschule

Die Straße links „Hinter der Veste" führt nach wenigen Schritten auf den 33 **Eichenforstplatz** vor die Alte Veste (s. S. 33). Dieser erst am Ende des letzten Jahrhunderts geschaffene Platz bringt die kurfürstlichen Gebäude (s. S. 31) gut zur Geltung und setzt das große Fachwerkhaus der alten Lateinschule an der Westseite in Szene. Unterschiedliche Stile machen den Reiz dieses zauberhaften Platzes aus: Unter den Bäumen zeigt der Bürgerbrunnen von Manfred Raumberger aus dem Jahr 1991 verschiedene Berufe, die in der alten Stadt ansässig waren, das gotische „Klösterl" (s. S. 36) erinnert an den alten Herrschaftssitz an dieser Stelle, das Fachwerkhaus an das religiös so bewegte 16. Jahrhundert (s. S. 52) und die alte Veste präsentiert sich hier im barocken Gewand. Genau diese Umschau bietet übrigens die Malerei in der Hausheiligennische der Lateinschule.

Wir wenden uns zum Turm der Martinskirche, überqueren die Vils und erreichen den 34 „**Salzstadelplatz**". Im **Haus Nr. 1 und 3** sind die zu Wohnhäusern umgebauten früheren namengebenden Salzstadel. Schiffe brachten das Salz von Regensburg über Donau, Naab und Vils hierher, um es vor dem Verkauf zu lagern. Die abzweigenden Gassen, Schiffgasse und Salzgasse erinnern an die Schifffahrt auf der Vils (bis 1826) und den einträglichen Salzhandel.

Wir verlassen den Platz durch die winkelige Waisenhausgasse, deren Bebauung aus dem 16. Jahrhundert in dem Komplex

Abb. 131: In der Hausnische der Alten Lateinschule stehen die Alte Veste und das Klösterl zu Füßen des hl. Florian.

35 **Waisenhausgasse 3/4** einen beeindruckenden Abschluss findet. Das exakt behauene Quadermauerwerk gibt den Gebäuden eine Strenge, die im Inneren zumindest seit der Nutzung als Waisenhaus (1737) in Zucht und Ordnung auch gelebt wurde. Lohnenswert ist ein Vergleich mit der Regierungskanzlei (s. Abb. 39), die wie diese beiden Häuser um die Mitte des 16. Jahrhunderts entstand. Solche Fassaden aus Quadermauerwerk mit den typischen spätgotischen Fenster- und Türprofilen haben sich an vielen Stellen der Altstadt erhalten. (Siehe auch: Badstr. 5, Georgenstr. 16 und 65, Paradeplatz 14 und 16.)

Nach rechts erreichen wir eine Straßenkreuzung, deren Straßennamen wiederum als Wegweiser dienen können: Mit der

Das bürgerliche Amberg. Straßen und Plätze

Abb. 132: Waisenhausgasse 3/4

Paulanergasse kommen wir zur Paulanerkirche (s. S. 69); am Ende der Zeughausstrasse stehen wir vor dem kurfürstlichen Zeughaus (s. Abb. 26), nun aber direkt vor dem [36] **ehemaligen städtischen** Zeughaus. In der Ausführung zwar kleiner als das höfische, aber im Treppengiebel und den Fensterprofilen lehnt es sich gestalterisch doch deutlich an das kurfürstliche Vorbild an. Die geradeaus verlaufende Baustadelgasse weist auf den direkt an das Zeughaus angebauten [36] **städtischen Baustadel**, ein behäbiger Bau, dessen Proportionen mit den Stadeln aus der Renaissancezeit in Regensburg und Nürnberg zu vergleichen ist. Hier wurden Baumaterialien gelagert, die nicht nur städtischen Zwecken dienten; ein solcher Baustadel entsprach einem heutigen Baumarkt, in dem auch bauwillige Bürger alles zum Hausbau Notwendige kaufen mussten, hauptsächlich Bauholz und Steine. Eindrucksvoll präsentiert sich im Innenhof der viergeschossige Dachstuhl mit Schleppgauben.

Städtisches Zeughaus und Baustadel

Abb. 133: Ehem. städtisches Zeughaus, heute Stadtmuseum

1986–88 wurde der gesamte Komplex von städtischem Zeughaus und Baustadel saniert und beherbergt seither das Stadtmuseum.

TIPP Runden Sie mit einem Besuch des Stadtmuseums Ihren Gang durch das bürgerliche Amberg ab:

- Eine barocke Apotheke aus der Georgenstraße und andere originale Ladeneinbauten aus Amberg, wie zum Beispiel ein Tante-Emma-Laden, ein Frisör und ein Schuster können besichtigt werden.
- Die wichtigsten Erzeugnisse aus dem Amberg des 19. Jahrhunderts, wie z. B. Steingut, Email und Gewehre, werden in eigenen Abteilungen präsentiert.
- Kompakt und anschaulich wird die Geschichte der Stadt in zwei Räumen vorgestellt. Hier können Sie auch ein Kunstwerk des 17. Jahrhunderts aus Amberg sehen, das es noch zwei Mal auf der Welt gibt: jeweils im Kunsthistorischen Museum in Wien und im Berchtesgadener Heimatmuseum steht ein Exemplar des **Amberger Liedertisches**.

Anhang

Künstlerverzeichnis

Asam, Cosmas Damian (1686–1739): Baumeister und Maler des Spätbarocks, tätig in Süddeutschland, Tirol, der Schweiz und Böhmen (s. S. 112)

Bacher, Leonhard (?): Amberger Bildschnitzer des 18. Jahrhunderts (s. S. 95)

Carlone, Giovanni Battista (1640/42–1718/21): italienischer Stuckateur des Barocks, tätig in Passau, Österreich und der Oberpfalz (s. S. 116)

Crayer, Caspar de (1584–1669): niederländischer Maler des Barocks (s. S. 62 und 95)

D´Aglio, Paolo (1655–1729): italienischer Stuckateur des Barocks (s. S. 116), Mitarbeiter von G. B. Carlone

Dientzenhofer, Georg (1643–1689): Baumeister des Barocks in Böhmen und Süddeutschland (s. S. 76)

Dientzenhofer, Wolfgang (1648–1706): Baumeister des Barocks in Böhmen und der Oberpfalz (s. S. 76)

Götz, Bernhard Gottfried (1708–1774): Kaiserlicher Hofmaler des Rokokos, tätig in Süddeutschland (Alte Kapelle, Regensburg) (s. S. 107)

Hörmann, Johannes (1651–1699): Kunstschreiner, tätig bei den Jesuiten in Straubing, München und Amberg (s. S. 89 und 92)

Landes, Anton (1712–1768): Stuckateur des Rokokos aus der Wessobrunner Schule (Alte Kapelle, Regensburg) (s. S. 104)

Mannlich, Johann Heinrich (1660–1718): Goldschmied des Barocks in Augsburg (s. S. 96)

Müller, Johann Adam (1718 in die Münchner Zunft eingetreten, 1738 verstorben): Maler des Barocks, Schüler von C.D. Asam und Mitarbeiter von G.N. Stuber (s. S. 84)

Pollack, Jan (1435/50–1519): Maler der Spätgotik, v.a. in München tätig (s. S. 60)

Schoch, Johann (1550–1631): Baumeister der Renaissance in Straßburg und Heidelberg (s. S. 41)

Schöpf, Johann Nepomuk (1733–1798): Maler des Rokokos in München und Siebenbürgen tätig (s. S. 87)

Sing, Johann Kaspar (1651–1729): Maler des Barocks, Hofmaler des Bayerischen Kurfürsten (s. S. 92)

Zimmermann, Johann Baptist (1680–1758): Maler und Stuckateur des bayerischen Barocks und Rokokos (Wieskirche) aus der Wessobrunner Schule (s. S. 85)

Literaturverzeichnis (in Auswahl)

Alte Chroniken

Destouches Joseph von, Statistische Darstellung der Oberpfalz und ihrer Hauptstadt Amberg vor und nach der Organisation von 1802, Sulzbach 1809.

Schwaiger Michael, Chronica oder kurtze beschreibung der churfürstlichen stad Amberg, Wittenberg 1564.

Wiltmaister Johann Kaspar von, Churpfälzische Kronik 1783.

Weiterführende Literatur

1034 – Amberg 975 Jahre – 2009. Eine Stadt im Zentrum des historischen Nordgaus (Festschrift zum 38. Bayerischen Nordgautag), Amberg 2009

Amberg 1034-1984. Aus tausend Jahren Stadtgeschichte (Ausstellungskataloge der Staatlichen Archive Bayerns 18), Amberg 1984

Dehio Georg, Handbuch der deutschen Kunstdenkmäler, Bayern V: Regensburg und die Oberpfalz. Bearb. von Peter Morsbach und Achim Hubel, München-Berlin 22008

Hager Georg (Hg.), Die Kunstdenkmäler des Königreiches Bayern, Bd. XVI, Stadt Amberg, bearb. Von Felix Mader, München 1909

Laschinger Johannes, Amberg: die kurfürstliche Haupt- und Regierungsstadt der oberen Pfalz (Bayerische Städtebilder Altbayern), Stuttgart 2000

Laschinger Johannes (Hg.), Archivische Schätze. Aus 975 Jahren Amberger Geschichte, Amberg 2009

Lipp Walter, Die Staatliche Bibliothek (Provinzialbibliothek) Amberg, Amberg 1992

Schiener Anna, Kleine Geschichte der Oberpfalz, Regensburg 2011

Speckels Gabriele, 900 Jahre St. Georg Amberg. Die wechselvolle Geschichte von Kirche und Pfarrei, Amberg 1994

Wabnitz Gabriela, Die Maria-Hilf-Kirche in Amberg, München 1998

Wolf Peter u. a. (Hgg.), Der Winterkönig. Friedrich V. der letzte Kurfürst aus der Oberen Pfalz (Veröffentlichungen zur Bayerischen Geschichte und Kultur 46), Augsburg 2003.

Für die Kirchen St. Martin/St.Georg mit Kongregationssaal/ Schulkirche/Paulanerkirche/Maria-Hilf liegen Kirchenführer vor.

Anhang

Abb. 134: Das Amberger „Ei" aus der Luft